한눈에 읽는 외식창업 성공이야기 [시리즈5]

추억을 담은 얼큰한 핫 메뉴
한식 탕반 전문점

김병욱 지음

 킴스정보전략연구소

김 병 욱 소장

킴스정보전략연구소 소장인 김병욱 박사는 소상공인 창업 지원 연구, 개발, 평가, 심사, 위원으로 활동하고 있으며, 삼성그룹사가 작사와 1등을 뛰어넘는 2등 전략과 창업 틈새 전략 외 150여 권의 저서를 발표한 바 있다.

그 밖에 방송·산업체 강의, 평가 등의 활동과 동시 월스트리트저널에 의해 21세기 아시아 차세대 리더에 선임된 바 있는 정보전략가임과 동시 경영컨설턴트이다.

Contents

Contents

Contents

Contents

Contents

Contents

Contents

Contents

Contents

I

국민음식 설렁탕

1. 설렁탕의 역사와 발전

1) 설렁탕의 유래와 역사

설렁탕이 조선시대의 선농제에서 유래했다는 설에는 두 가지 이유가 있다. 하나는 임금이 선농단에서 제사를 지내고 친히 논밭을 갈고 나서 미리 준비해 둔 가마솥에 쌀과 기장으로 밥을 하고, 소로 국을 끓여 60세 이상의 노인들을 불러 대접했다는 것이 첫 번째 유래이다. 두 번째는 세종대왕이 선농단에서 제사를 지내고 친히 논을 경작하는 본을 보일 때, 갑자기 심한 비바람이 몰아쳐 오도가도 못하게 된 임금의 배고픔을 달래느라 백성들이 농사짓던 소를 잡아 맹물을 넣고 끓였는데 이것이 설렁탕이 되었다는 설이다.

즉 설렁탕의 유래와 관련해 가장 많이 등장하는 것은 '선농단 제사관련설'이다. 선농단(先農壇)에서 세종대왕이 제사를 지낼 때 큰비가 내려 발이 묶이자 배고픈 사람들을 위해 임금의 명으로 제사 지냈던 소를 잡아 선농단에 참석한 사람들과 나눠 먹었다는 것이다. 이 이야기는 1937년 10월 22일자 『매일신보』에 처음으로 등장한다. 어느 자료를 근거로 했는지 불분명한 탓에 선농단 설렁탕설은 그대로 믿기 어렵다. 그러나 실제로 선농제에 올려진 고기는 궁으로 가져와 양반들에게 분배되었고 선농제의 가장 중요한 행사인 친경제(親耕祭)에 쓰인 소들은 농경국가 조선에서는 귀한 존재로서 평생 전생서(典牲署)나 사축서(司畜署)에서 백성이 먹는 음식보다 좋은 음식을 먹고 살다 죽었다.

설렁탕의 어원과 기원에 관한 이야기는 그 외에도 많다. '고기 삶은 물'을 뜻하는 '공탕(空湯)'의 몽골어인 '슐루'가 음운 변화를 거쳐 '설렁'이 되었다는 설과, 개성의 '설령(薛鈴)'이라는 사람이 고려 멸망 후 한양으로 옮겨 탕반 장사를 시작하면서 그의 이름인 설령에서 설렁이 유래했다는 설이다. 그렇지만 어느 것이 진짜인지 아직까지 정확한 조사나 실체는 밝혀지지 않고 있다.

설렁탕의 특징과 조리방법에 있어 김화진은 조선 왕조 때 매년 2월 상신일이면 왕이 지금의 제기동에 있던 선농단으로 나가 생쌀과 생기장, 소, 돼지를 죽이기만 하여 통째로 넣어 제전에 올린 뒤에 상전에서 친경을 한다.

이때 뚝배기에 밥을 넣고, 국도 퍼서 놓는데 반찬이 되는 김치가 없어서 파를 썻어다 놓았고 간장도 없으므로 소금으로 간을 맞추게 하였다. 설렁탕은 선농단에서 끓인 국 같다고 하여 선농탕이 와전되어 설렁탕이 되었다. 파와 소금을 쓰는 것도 당시의 국을 모방한 것이다.

한편 홍선표의 〈조선요리학〉에서 세종대왕이 선농단에서 침경한 때

갑자기 심한 비가 내려 한발자국도 옮기지 못할 형편에다 배고픔에 못 견디어 친경 때 쓰던 농우를 잡아 맹물에 끓여서 먹으니 이것이 설농탕이 되었다고 하였다.

2) 탕반의 대명사 설렁탕

설렁탕에 관한 최초의 기록은 1809년 빙허각 이씨가 엮은 『규합총서』에 충주의 검부 앞 명물로 등장한다. 조선 시대 한양에서는 성균관 반인(伴人)들이 도살과 유통을 책임지고 있었고 지방에서는 백정들에게 도살을 시키고 판매는 관아에서 했다.

1897년 1월 21일 일본 요코하마에서 발간된 게일의 『한영자뎐(韓英字典)』에는 '셜넝탕'이 A stew of beef intestines(소의 내장으로 끓인 국)로 설명되어 있다. 보부상이 활성화된 19세기에 설렁탕은 외식의 선두에 있었다. 당시 설렁탕집은 소머리뼈를 가게 앞에 진열해놓았다. 1909년 일본인 우스다 잔운(高田新家)의 『조선만화』에는 설렁탕집의 풍경이 "소머리, 껍질, 뼈, 우족까지 집어넣고 시간을 들여 끓여낸 것을 다른 냄비에 국물만을 퍼서 간장으로 간을 맞추고"라고 묘사 돼 있다. 가게 앞에 소머리를 진열해놓은 것은 다른 고기를 사용하지 않는다는 것을 보여주기 위한 이유도 있었다.

설렁탕은 설렁탕·셜넝탕·셜넝탕·설넝탕·설농탕(雪濃湯)·설농탕(設農湯) 등 1950년대까지 표기가 통일되지 않고 사용됐다.

'갈비탕, 대구탕, 오뎅탕, 꽃게탕, 동태탕', 이처럼 '탕' 앞에는 재료를 알리는 단어가 온다. 반면 설렁탕은 그 어원의 유래가 무엇이냐에 대한 의견도 분분할 만큼 이름부터가 묘하다. 국물의 색에 대한 의견도 마찬가지다. 프림파동을 일으킬 만큼 뽀얀 색을 중요시하던 때가 있는가 하면 맑은 국물이 진짜라는 설도 있다. 허나 진짜가 무엇인들, 역사의 뒤안길에 가려진들 어떠하리. 좋은 식재료와 정성이 담긴 설렁탕 한 그릇에 몸과 마음이 든든해졌다면 그것이야말로 진짜인 것이다.

3) 설렁탕은 '조선 음식계의 패왕'

설렁탕은 지금도 한국인이 가장 사랑하는 외식 메뉴 중 하나이지만 설렁탕의 전성기는 일제강점기였다. 당시 종로와 청계천 주변에는 설렁탕집이 빼곡하게 있었다. 경성 경무국조사에 따르면 1920년경 경성 내외에 스물다섯 군데 정도였던 설렁탕집은 4년에 100군데로 급격하게 늘어난다. 1920년대 중반이 되자 '민중의 요구가 답지하여 조선 사람의 식성에 적합한 설렁탕은 실로 조선 음식계의 패왕으로 불렸다.

당시 설렁탕은 어떤 맛이었을까? 가장 중요한 국물은 기름기가 많은 국이었다. 소의 뿔만 빼고 거의 모든 부위를 넣고 끓이는 설렁탕은 고기육수 특유의 구수한 냄새가 특징이었다. 진한 고기국물에 간장은 어울리지 않는다. 소금과 거칠게 간 고춧가루, 파를 넣으면 고기 국물에서 나는 약간의 누린내는 이내 고소한 국물로 변한다. 기름기가 많은 설렁탕은 유기그릇이나 사기그릇과도 맞지 않는다. 투박한 뚝배기가 제격이다. 뚝배기에 담은 설렁탕 한 그릇은 '파양과 고춧가루를 듬신 만히 쳐서 소금으로 간을 맞추어가지고 홀홀 국물을 마셔가며 먹는 맛이란 도무지 무엇이라고 형언할 수가 있으며 무엇에다 비할 수가 없는 것이었다. 반찬으로는 시원한 깍두기를 먹었다.

설렁탕은 사시사철 먹었지만 겨울이 제철이었다. 더운 여름날 설렁탕은 좀 부담스런 음식이었다. 서울 사람들은 여름에는 시원한 냉면을 먹었다. 일제강점기 당시 서울의 설렁탕집은 여름에는 냉면을 팔았고 냉면집들은 겨울에 설렁탕을 팔았다. 『경성편람』에 실린 〈일삼옥〉의 메뉴는 설렁탕과 냉면이었다. 서울의 냉면국물에 양지국물이 많이 사용되는 것은 설렁탕과 육수를 공유했기 때문이다.

4) 설렁탕의 특징과 조리방법

설렁탕은 소의 머리, 내장, 발, 무릎, 도가니, 뼈다귀 같은 것을 함께 넣고 푹 고아 끓인 국이다. 뽀얀 국물이 있는 고기를 건져서 잘게 썰어 양념으로 주무른 다음, 다시 국물에 넣고 밥을 말아 먹는다. 곰탕은 소고기를 진하게 고아서 끓인 곰국에 밥을 만 음식을 말하며 설렁탕은 뼈를 고은 곰탕이고 곰탕은 육탕(肉湯)이며, 모두 소고기를 사용했다는 점이 특징이다.

설렁탕은 사골이나 도가니 뼈를 끓여낸 국물로 단백질이 풍부해 병의 회복에 도움이 되고 면역력을 길러 준다. 설렁탕은 쇠머리와 쇠족, 쇠고기, 뼈, 내장 등을 모두 함께 넣고 오랜 시간 푹 고아 만든 것으로 쇠고기 특유의 단맛과 감칠맛이 빼어난 음식으로 파를 듬뿍 넣고 깍두기를 곁들여 먹으면 든든한 한 끼 식사로도 손색이 없다.

자연히 국물이 바짝 졸아든 진국 상태가 되기 마련이다. 단골손님들이 모여드는 시간도 바로 그 무렵이다. 파를 자주 띄우는데, 이유는 고기 특유의 누린내를 없애기 위해서다. 특히 전통식으로 하는 설렁탕집에 누린내 때문에 먹기 다소 거북한 예도 있다.

특별히 뛰는 구석이 없지만 지나가다 생각하면 한 그릇 정도 먹어

볼 법하고, 일반 가정집에서 요리하기에는 부담스러우며, 그럼에도 불구하고 특별한 개성이 없어서 특출나게 잘하는 집을 지목하기도 힘든데다 여러 꼼수를 사용하기에도 좋으므로 곳곳에 많은 설렁탕 전문점들이 있다. 즉 설렁탕은 곰탕의 하위개념이다.

고단백 고칼로리라 건강식으로 알려져 있는데, 칼슘 흡수를 방해하는 인이 함유되어 있고 소금 등으로 인해 회복기의 환자들이 먹어서는 안될 음식으로, 의사들이 종종 먹지 말 것을 권고하기도 한다. 가끔 보양식이라고 생각하고 먹는다면 좋다.

오히려 신부전, 알콜중독 등의 경우 인의 결핍이 있기도 하다. 설렁탕을 상업적으로 파는 가장 오래된 가게의 이름은 이문설농탕으로서 자료 검색을 통해 1904년 최초로 개업한 것으로 확인된다. 현재도 영업중이다.

현재도 유명한 설렁탕 체인점 브랜드들은 이름을 'ㅇㅇ설농탕'으로 짓고 있다. 설렁탕의 문헌 조리법(4인분 기준)은 재료는 사골 600g, 소 잡뼈 400g, 도가니 300g, 양지 300g, 대파 1뿌리, 양파 1개, 통마늘 1통, 생강 1쪽이다. 조리법은 다음과 같다.

사골, 소 잡뼈, 도가니는 토막을 낸 후 찬물에 담가 핏물을 빼낸다.(1~5시간) 그리고 사골, 소 잡뼈, 도가니, 양지는 끓는 물에 데친다. 잠길 정도의 물을 붓고 대파, 양파, 마늘, 생강을 넣고 푹 익힌

후 고기는 익었으면 건져 편육으로 썬다. 뽀얀 국물이 우러나면 그릇에 담고 편육, 국수사리, 다진 파를 얹어 낸다.

설렁탕 업소의 조리방법(1배치 기준)의 경우 재료로 머리뼈 7두, 사골 30kg, 잡뼈 20kg, 반골 10kg, 양지 10kg, 대파 3뿌리, 양파 3개, 통마늘 1주먹, 통 생강 2쪽, 무 1개를 준비한다. 조리법은 다음과 같다.

소뼈는 잘게 토막내서 흐르는 물에 12시간 정도 담가 핏물을 뺀다. 그리고 끓는 물에 데친 후 찬물에 3회 정도 헹구어 씻는다. 1배치분을 솥에 넣고 물을 채운 후 3시간 마다 물을 보충해 가면서 14~16시간 끓인 후, 양지머리는 흰 망에 대파, 양파, 마늘, 생강, 무를 넣고 잠길 정도의 물을 붓고 1시간 30분~2시간 정도 삶아 편육으로 썬다. 그 후 그릇에 편육 70g, 소면 80g을 얹어 국물을 부어 다진 파를 띄워낸다.

2. 탕반의 대명사 설렁탕의 명소

1) 한국전쟁 이후 서울의 설렁탕

설렁탕은 한국전쟁 이후 화학조미료와 분유를 넣은 짝퉁 설렁탕에 치이고, 서양음식에 길들여진 젊은 입맛에 밀려 침체가 계속되고 있다. 하지만 탕과 밥을 먹는 한민족의 음식 문화가 지속되면서 설렁탕도 살아남았다. 강북의 도심에 〈이문설렁탕〉과 〈잼배옥〉 같은 오래된 설렁탕집이 아직도 남아 있고, 강남에는 유기농 설렁탕, 최고급 한우 설렁탕 같은 새로운 설렁탕이 등장하고 있는데서 선호도를 알 수 있다. 현존하는 최고의 설렁탕집은 종각역 삼성증권 건물 옆에 위치하는 이문설렁탕으로 1902년에 문을 열었으니 116년이 넘는 역사를 갖추고 있다.

2) 마포와 여의도의 양지 설렁탕

마포와 여의도에도 유명한 설렁탕집이 많다. 이곳 설렁탕은 다른 곳과 달리 양지머리를 기본으로 한 육수를 사용한다. 마포 먹자골목 가운데 위치한 소박한 〈서씨해장국〉은 1940년대부터 영업을 시작한 것으로 알려져 있다. 마포대교 밑은 배가 다닐 때만 해도 식당이 제법 많았다. 주변에는 뱃사람들의 목돈을 노린 기생집이 줄지어 있었다. 그 곳에서 오랫동안 장사를 하다가 1978년에 용강동 음식 문화 거리로 옮겨왔다.

현재 마포 설렁탕의 명성을 이어가고 있는 곳은 마포대교 근처의 〈마포옥〉과 공덕역 부근의 〈마포양지설렁탕〉이다. 마포 주차장으로 가는 길에 〈마포옥〉이 있다. 3층짜리 건물 2층에 있는 〈마포옥〉으로 오르는 계단 옆에 옛날 마포옥의 모습을 찍은 사진이 한 장 걸려 있다.

간판 메뉴인 양지머리탕이 가장 유명하지만 최근 출시한 차돌탕도 인기가 많다. 〈마포옥〉은 서씨 가문 이전에 조순재 씨가 운영하던 설렁탕집이었다. 1919년 전후에 창업한 것으로 알려져 있다. 9세부터 이 집에서 일했던 서운봉 씨는 해방 이후 주인이 죽자 1947년 〈마포옥〉을 물려받았고 현재는 그의 아들이 대를 잇고 있다. 1920년대에 마포 일대에는 〈이문옥〉이라는 설렁탕집은 물론 김개문, 장재봉, 이창일 씨 등이 큰 음식점을 내어 유명했다고 한다. 서운봉 씨는 솥잡이(음식을 솥에 넣고 불 때는 일을 맡은 사람)기술자로 유명했다.

당시에는 설렁탕, 곰탕, 양지머리탕으로 구분해서 팔았다고 한다.

1·4후퇴 무렵까지만 해도 마포에는 배짐이 여전히 많았다. 그러나 이후에 자동차가 많아지면서 식당들은 거의 문을 닫았다. 원래 〈마포옥〉은 샛강 옆 방천 밑에 있었다. 서울대교가 놓이면서 지금 식당 주변으로 옮겨왔다. 마포식 설렁탕에서 가장 중요한 고춧가루 맛을 위해 절구통에서 직접 빻았다. 곱창을 따로 고아 찧어서 그 물을 구수한 조미료로 섞어 사용했다. 〈마포옥〉의 간판 메뉴는 옛날이나 지금이나 양지머리탕이다. 짠물에 시달리던 어부 장사꾼들이 비릿한 비위를 기름기가 텁텁한 양지머리탕으로 풀고 나서 한 그릇에 15전, 즉 쌀 반말 값을 선뜻 내놓고 가던 시설이었다.

3) 잠원동 골목 영동 설렁탕

강남에서 제일 먼저 설렁탕을 판 곳은 강남호텔 뒤편에 있는 〈영동 설렁탕〉이었다. 1980년대 초반, 강남이 한참 개발 중일 때 가게에 고기를 납품하다가 몇 년 뒤 인수해 지금까지 영업을 하고 있다. 고기 주문량이 급증할 때쯤 가게 인수를 제의받은 터라 흔쾌히 장사를 시작했고 예상대로 가게는 지금까지도 번성하고 있다. 초창기에는 주변 아파트 건설 인부들이 많이 이용했지만 지금은 강남 전 지역은 물론 강북에서도 찾아올 정도로 손님이 다양해졌다. 설렁탕의

인기가 전반적으로 예전만 못하지만 몇몇 명가에는 여전히 사람들이
북적거린다.

3. 설렁탕 전문점 창업 성공과 실패

1) 설렁탕 전문점 창업의 성공

서울시 도봉구 창동에서 설렁탕 전문점을 운영하고 있는 점주는 현
재 창업 8년째로 월평균 4,000만원의 매출에 월 900만원 정도의 수익
을 달성하고 있는 여성 성공 창업자로서 설렁탕 전문점 창업을 염두
에 두고 있는 예비 창업자 및 기존 사업자들에게 성공 모델의 업체로
성정하였다.

2010년 2기 여성 창업 과정을 수료하고 본인이 평소 관심을 갖고
있던 설렁탕을 창업 아이템으로 정하고 창업 전반에 대한 지도 및 협
의를 통해 안정적으로 창업을 했다. 오픈 후 점주의 적극적인 노력 하
에 2010년 6월 오픈하여 현재의 설렁탕 전문점으로 24시간 안정적인
사업 운영을 하고 있다.

사업 초기에는 한성대 부근에서 설렁탕 전문점을 15년여 운영한 지

인으로부터 요리 기술과 사업 운영 노하우 등에 대하여 도움을 받았지만, 사업주가 사업에 관한 체계적인 사업준비 등 긍정적이고 적극적인 자세가 성공 사업 수행에 큰 역할을 했다고 볼 수 있다.

본 사업자는 창업 초기부터 안정된 매출을 올릴 수 있었는데, 성공요인을 살펴보면 다음과 같다.

창업 1년 전부터 자신이 직접 자료를 수집하고 창업 전문가들의 의견을 경청했다. 지속적으로 새로운 자료를 찾고, 연구하는 자세를 갖추고 있는 등 성공 창업인 마인드를 갖추고 있었다. 여러 창업 아이템 중 사업성 검토를 통해 설렁탕 전문점이 유행을 타지도 않으면서 꾸준한 시장성과 수익성을 갖춘 사업이라고 판단하여 창업을 결심하고 많은 음식점을 다니면서 경쟁점의 장단점 및 인테리어 입지, 서비스 등을 알아보는 등 많은 준비를 하였다.

사업에 대한 체계적인 창업 준비로 설렁탕 전문점으로 창업을 결정하고 지인으로부터 15년여 동업종에 종사한 경험과 노하우가 풍부한 사업자를 소개받아 설렁탕 제조에 관한 요리 기술을 직접 1년간 주방에서 일을 하면서 전부 받았으며, 서울신용보증재단에서 여성 창업 과정을 수료하는 등 창업에 관련한 정보를 습득해 체계적으로 창업을 준비하였다.

또한 상권과 입지 분석을 철저하게 진행해왔다. 강북에서 철저한 설렁탕 주 고객층이 많은 창동역 먹자골목 내의 점포를 6개월여 발품을 팔아 직접 구했다. 자금 규모에도 적합하며 지하철역, 버스 정류장 등이 있고 대로변 1층으로 가시성과 접근성이 좋아 고객 유입이 용이해 설렁탕 전문점으로 입지에 적합한 상가로 경쟁력을 갖추고 있다.

저녁 메뉴로 모듬 수육 감자전, 여름철 계절 메뉴로는 냉면을 추가하는 등 다양한 고객의 니즈에 맞춤형 메뉴를 개발하여 고객 만족을 위해 지속적으로 노력하고 있다는 점을 들 수 있다.

인력 관리에도 최선을 다한 이곳 점주는 전문점 이미지를 주기 위해 접객 매너에 대한 교육과 상호 신뢰감 향상을 위해 회식등 주기적인 모임을 갖고 종업원들의 애로 사항을 수렴하는 등 이직방지를 위해 노력하였다.

인테리어 및 외관 관리에 있어서도 설렁탕 전문점으로 직접 푹 고은 육수를 제공하기 위해 점포 전면에 3개의 대형 솥을 갖춰 고객 신뢰도를 높임에 따라 고객 유입 효과를 주고 있다.

그밖에 마케팅 전략으로 개업 초기에 30%할인 쿠폰을 발행하여 주변 아파트, 사무실에 배포하여 고객들에게 인지도를 높였으며, 친절한 서비스와 진하고 조미료를 사용하지 않는 업소로 고객 만족도를 높여 고객 구전에 의한 홍보에 주력하고 있다.

창업자의 설렁탕 전문점의 성공 포인트는 차별화된 맛과 서비스, 분위기 제공으로 경쟁력을 갖추어 단골 고객을 확보해 매출 증대가 되었으며, 음식 품질과 서비스 수준을 초기와 같이 꾸준하게 유지하여 안정적인 사업 운영을 하고 있다.

2) 설렁탕 전문점 창업의 실패

2007년 7월 서울 소재의 건물에 2층 80평 규모의 설렁탕 전문점을 오픈한 점주는 2년 만에 매장 문을 닫았다. 월 4,000만원의 매출로는 1,300만원의 월세와 2,000만원 이상의 인건비를 감당할 수 없었기 때문이다.

취업 대신 창업을 선택한 그는 부모님에게서 창업자금을 얻어 점포 구입비용 3억원, 시설비 2억원을 투자했다. 첫 창업이었기에 지인이 성공했다는 설렁탕 전문점을 내기로 했으며 입지 선택을 잘하고 맛만 있으면 쉽게 성공할 수 있다고 믿었다. 식자재 구매는 지인의 도움을 받기로 했고, 실력이 우수한 조리장을 추천 받았다.

설렁탕은 남성에게 인기가 있다고 판단해 대형 빌딩이 모여 있는 오피스 유흥 복합지역을 택했다. 오픈 초기에는 월 1억원 이상의 매출을 올렸다. 한번 먹어 보자는 손님들로 매장이 가득했던 것이다. 지인이 소개한 조리장의 음식 솜씨도 훌륭했다. 하지만 조리장이 다른 매장으로 가면서 상황이 바뀌었다. 조리장 손맛에 모든 것을 의존했던 사업주는 새로운 조리장의 음식 솜씨 때문에 마찰이 심했다. 손님들이 맛이 없다고 매장을 등지는 상황이어서 신입 조리장에게 잔소리를 하면 두 달 버티지 못하고 그만두었다. 결국 1년에 조리장이 6번 이상 바뀌었다.

사업주는 매출 부진을 만회하기 위해 고기구이를 도입했지만 실패했다. 절대 고객인 젊은 유동인구를 잡아보려 했지만 삼겹살 1인분에 1만원이 넘는 너무 비싼 가격대가 실패 요인이었다. 또 다른 실패 요인은 건물주와 불편한 관계에 있었다. 건물주는 매장에 뭔가 새로운 것을 시도하려면 제재가 심했다. 신 메뉴 출시때는 현수막조차 내걸 수 없었다. 메뉴를 추가해도 매출이 오르지 않자 할인권 배포, 경품행사 등 이벤트를 벌였으나 매출이 오르는 건 이벤트 하루 이틀 뿐이었다. 마케팅 소요 비용 대비 큰 효과를 보지 못한 것이다.

결국 매장을 처분하고 말았던 것이다. 실패의 원인은 다른 사람이 성공하면 나도 할 수 있다는 안이한 생각으로 체계적인 준비가 부족했으며, 주 고객층 분석과 맛의 균질성 확보가 안된 것으로 보인다.

4. 한국의 대표적 명물 설렁탕 전문점

1) 30년 전통 ㈜놀부NBG 〈담다〉

〈담다〉는 30년 전통의 ㈜놀부NBG의 노하우를 총 집약시켜 깔끔한 국물의 '놀부 맑은 설렁탕'을 기반으로 한 힐링 콘셉트의 신규 외식브랜드다. 웰빙에 이어 새로운 트렌드 가운데 하나인 힐링은 다양한 연령대를 흡수할 수 있고 특히 젊은 층도 부담 없이 즐길 수 있는 한식의 캐주얼화로 차별성을 강조했다. 예비창업주 입장에서는 최적화된 주방 매뉴얼 시스템으로 보다 손쉬운 운영이 가능하다.

론칭 이후 고객 반응만 보아도 〈담다〉의 브랜드파워를 실감케 한다. 최근 들어 더욱 치열해진 창업시장에서 브랜드파워만큼 강력한 무기는 없다.

'놀부'가 욕심을 부리기 시작했다. ㈜놀부NBG가 지난 2013년 12월 19일 강남역 인근에 6개월의 기획을 거쳐 론칭한 신규브랜드 〈담다〉 직영1호점을 선보인 것이다. '깨끗함이 가득하다'는 힐링 콘셉트를 내세운 〈담다〉는 '담(淡: 물맑을담) 다(多: 많을다)'의 브랜드 명처럼 맑고, 좋은 식재료의 맛을 그대로 담아 몸과 마음이 정화되는 한 끼 식사를 제공하고자 하는데서 태동했다.

현시대 '놀부'의 욕심은 전래동화의 그것처럼 밉지 않다. 30년의 전통에도 불구하고 여느 신생기업 못지않은 계속된 발전과 도전에 그 '의'가 있기 때문이다. 맑은 설렁탕을 선택한 이유도 원시적인 고민에서 시작됐다. '진짜는 무엇일까?', 결론은 어렸을 때 어머니가 끓여주던 설렁탕이 답이었다. 당시 고기로 육수를 우려낸 국물에 가마솥 밥 한 그릇 말아먹던 추억, 그것을 30년 역사의 ㈜놀부NBG가 가진 노하우를 집약해 실현해 낸 것이다. 〈담나〉의 기획을 맡은 ㈜놀부NBG는 고기로만 육수를 내면 국물이 뽀얗게 나올 수가 없으며, 더불어 일반 밥 보다 가마솥에서 한 밥이야말로 맛과 식감에서 뛰어나다는 것을 알았기 때문에 '맑은 설렁탕'과 '가마솥 밥'을 선보이게 되었다.

〈담다〉는 힐링에 대한 관심이 높아진 트렌드를 반영해 맑고 깨끗한 이미지의 퓨전 한식들로 메뉴를 구성했다. 메인메뉴인 '놀부 맑은 설렁탕'을 비롯해 매운 맛을 즐겨 찾는 젊은 층의 고객 입맛을 겨냥한 '놀부 매운 설렁탕', 저녁 술안주로 그만인 '놀부모둠수육', '놀부냉채수육' 등 전통과 퓨전의 조화를 절묘하게 이루어냈다.

메뉴를 1인 반상에 차려 내는 것도 특징이다. 가볍게 먹고 넘길 수 있는 설렁탕 한 그릇을 〈담다〉에 오면 누구나 정성껏 대접 받는 기분으로 즐길 수 있다. 그 때문인지 점심시간이 채 되지 않은 시간부터 혼자 오는 고객이 끊이질 않고 점심때는 줄을 서야 할 정도로 성황이다.

매장 인테리어는 캐주얼한 카페&다이닝 형태로, 기존 ㈜놀부NBG의 브랜드에 비해 보다 세련된 멋이 돋보인다. 더불어 실내 곳곳에 전통 오방색을 사용해 전통 한식의 정체성도 함께 가미했다. 하나 눈여겨 볼 부분은 대부분의 벽면이 약간씩 사선을 취하고 있다는 것인데 이는 약간 곡선의 형태를 띠고 있는 전통 반상에서 차용한 하나의 숨은 그림 찾기다. 또한 오픈 키친 앞에 직접 밥을 짓는 가마솥을 배치해 보는 재미까지 더해 고객의 호기심을 유발하고 있다.

고객들의 기대에 앞서 예비창업자의 이목은 ㈜놀부NBG의 신규브랜드라는 사실 하나만으로도 더욱 집중된다. 이에 부응하듯 직영 1호점은 오픈 이후 평균 일 매출 3~400만원을 기록하고 있다. 초기 리허설 기간 중엔 오후 8시면 재료가 떨어져 장사를 못 할 지경이었다. 아직까지는 점심매출이 주를 이루는데 최근 24시간 오픈으로 전환함으로써 저녁, 새벽 매출이 정상궤도에 오르면서 더욱 높아졌다.

〈담다〉는 새로운 변화가 시작된 ㈜놀부NBG의 첫 번째 모델이다. 현재 어려운 시장상황에 모든 노하우를 집약시켰다. 〈놀부보쌈〉, 〈놀부부대찌개&철판구이〉 등은 이제 2세가 사업을 이어가는 '가업'의 형태를 띠고 있다. 〈담다〉도 그러한 장수브랜드로 성장시켜 나가고 있다.

놀부NBG는 10여 개의 다 브랜드를 운영하며 전국 약 900여 개의 가맹점을 운영하고 있는 외식전문기업이다. 놀부는 지난 2011년 모건스탠리에 인수된 후 기업 경쟁력 확대를 위한 기업 체질의 변화 및 다방면의 혁신 작업을 꾸준히 진행했다.

2) 남대문 〈잼배옥〉

서울 시청 건너편 소공동에 있는 〈잼배옥〉은 당시 잠배설렁탕의 세도를 조금이나마 떠올릴 수 있게 하는 오래된 식당이다. 가게 앞에는 'Since 1933'이라는 표시가 있다. 85년이 넘은 설렁탕 노포다. 창업은 남대문 밖 지금의 남대문경찰서 부근에서 했다. 그곳에 붉은색 바위인 자암(紫岩)이 있었다. 자암 옆에 있는 식당이라 '잠배옥'이라 불렀다. 자암비옥(紫岩飛屋)이라고 한자로 써서 간판을 걸어났었다. 그러나 번성하던 가게는 한국전쟁 시작 3일 만에 B29 폭격으로 사라졌다. 현 서소문공원에 있는 시장 언저리의 적산가옥으로 갔다가 지금의 자리로 옮긴 것이 1973년이다.

〈잼배옥〉설렁탕은 예전에 비해 고기를 더 많이 넣고 사골과 부속

부위는 넣지 않는다. 사골을 뺀 이유는 1970년대 사골이 보신식품으로 각광을 받으면서 값이 오르자 저렴한 서민의 음식인 설렁탕에 넣기가 어려워졌기 때문이다. 창업주와 아들에 이어 2001년부터는 손자가 가업을 잇고 있다. 하지만 이 집이 예전부터 유명한 남문 〈잠배옥설렁탕〉은 아니다. 기록보다 한참 뒤에 창업했기 때문이다. 1937년 발간된 『경성상공명람』에는 '잼배옥'이 나온다. 주인은 김덕재이고 주소는 '봉래정 1의 130' 이다. 지금 잼배옥의 창업주와 이름도 다르고 주소도 다르다. 이 잼배옥이 예전의 남문 잼 배옥인지는 명확하지 않다. 다만 당시 남대문 주변에 적어도 두 군데 이상의 식당이 잼배옥이라는 이름을 사용하고 있었음은 분명하다.

그러는 사이 칠패시장이 사라진 후 설렁탕의 주도권은 종로로 옮겨갔다. '지금은 시내 각처에 설넝탕집이 생긴 까닭에 그것도 시세(時勢)를 잃었다. 시내 설넝탕집도 수로 치면 꽤 만치만은 그중에는 종로이문(鐘路里門)설넝탕이라던지 장교(長橋)설넝탕, 샌전 일삼옥(一三屋)설넝탕이 전날 잠배설넝탕의 세도(勢道)를 계승했다. 이는 『별건곤』이라는 1929년 9월 27일자 보도를 통해 증명된다.

서울YMCA와 종로타워 빌딩 뒤쪽인 이문(里門)은 당시에도 도성으로 들어가는 길목으로 검문소가 있었고 주변에는 땔감용 나무시장이 있었다. 이문 안쪽에는 '이문' 이라고 이름 붙인 식당이 많았다.

구한말에 세워졌다가 사라진 〈이문옥〉과 20세기 초반에 세워진 것으로 알려진 〈이문식당〉, 1920년대의 기록이 남아있는 〈이문설농탕〉 모두 설렁탕을 팔던 식당이었다. 1929년에 발간된 『경성편람』에는 인사동에는 〈이문설농탕〉과 〈사동옥〉이 설렁탕 전문점으로, 〈이문식당〉은 조선음식을파는 집으로, 관철동에 있는 〈일삼옥〉은 설렁탕과 냉면을 파는 집으로 나와 있다. 『경성편람』에 실린 식당은 규모가 상당히 큰 식당만을 대상으로 했다는 점에서 당시의 설렁탕집이 커다란 인기를 얻었음을 알 수 있다.

3) 100년 역사 〈이문설농탕〉

〈이문설농탕〉은 종각 사거리 공평빌딩 뒤에 있던 기묘한 모습의 2층 한옥집에서 2011년까지 설렁탕을 팔았다. 설렁탕은 지금의 짜장면처럼 일제강점기의 대표적인 배달음식이다. 당시 '설렁탕 그릇을 목관에 담아 어깨에 메고 자전거를 타고' 배달을 했다. 1939년, 〈이문식당〉에만 십수 명의 배달부가 있었다. 관공서와 경찰서가 단골 주문처였다. 이문식당 근처에 있던 종로경찰서에서는 설렁탕을 자주 시켜 먹었다. 설렁탕집들은 대부분 새벽부터 장사를 하거나 아예 하루 종일영업을 했기 때문에 밤낮이 없는 경찰서의 단골음식이 되었던 것이다.

〈이문식당〉은 일제강점기 내내 설렁탕의 대명사였다. 〈이문식당〉과 주인 홍종환은 일제강점기에 신문의 사회면을 여러 번 장식하기도 했다. 노동자들에게 떡국을 기증하는 등 미담의 주인공으로 등장했지만 〈이문식당〉 배달부들의 횡포와 여름에 냉면을 팔다가 구더기가 나오는 바람에 종로경찰서에 단속되는 일도 빈번하게 신문지면을 차지했다. 당시 홍종환의 기록을 보면 일제강점기 서울의 고급 요릿집을 대표하던 〈명월관〉 주인 이시우와 어울려 당구를 즐겼다. 〈이문식당〉과 관련한 홍종환의 이야기는 1930년대 후반부터 사라진다. 이때 〈이문식당〉을 처분한 것으로 추정된다.

이 당시 골목으로 들어서 설렁탕으로 한 때 너무 유명하던 〈이문식당〉이 있다. 설렁탕 한 그릇을 전화 한 마디로 주문하면 인천까지 배달을 하였다 하여, 선전으로 멀쩡한 거짓말을 하는지 용산까지 가져가고도 인천이라는 하여튼 안은 '힛트'다 라는 소문이 장안에 가득하여 한참 통에는 돈도 많이 벌었다. 사람이란 그리 되니까 대구탕도 만두도 한다. 비빔밥도 한다고 집을 근대식으로 꾸며 고치고 그릇도 개량해서 유기그릇을 사기그릇으로 갈아 설렁탕을 팔았다고 당시 언론은 소개하고 있다.

당시 종로를 주름잡던 김두환은 한때 〈이문식당〉에서 종업원으로

일한 적이 있었던 단골이다. 지금의 〈이문설농탕〉은 〈이문식당〉을 인수한 사람이다. 현재 〈이문농탕〉의 대표 전성근에 따르면 홍씨 성을 가진 설렁탕집 주인에게서 양씨 성의 주인이 일제강점기에 식당을 인수 했다고 한다. 그리고 1960년에 전성근의 어머니인 유원석씨가 양씨에서 가게를 인수한 뒤 1981년 지금의 주인인 아들에게 대물림된 것이다.

4) 이연에프엔씨 〈한촌설렁탕〉

40년의 전통을 자랑하는 설렁탕전문점 〈한촌설렁탕〉은 프랜차이즈에 대한 철저한 시스템 연구와 신입사원부터 점장까지 자체 인력 양성 프로그램을 실행하며 체계적인 인력 관리로 안정적인 프랜차이즈를 운영하고 있다. 탄탄한 기본 교육과 함께 점주가 스스로 성장할 수 있도록 안목을 넓힐 수 있는 단계별 교육 프로그램을 실시하고 있다.

㈜이연에프엔씨에서 운영하고 있는 한촌 설렁탕은 운영교육팀, 가맹관리팀/품질 및 위생 점검 파트(연구소) 연구부서와, 국내 매장 100여개를 보유하고 있다. 인기 메뉴로는 설렁탕, 한촌탕, 수(手) 만두 설렁탕, 수육, 불고기를 꼽을 수 있다.

현재 실행하고 있는 교육 프로그램 수는 오픈 전 교육 9개(35일 소요)와 오픈 후 교육 3개(매월 정기교육(1일), 신메뉴 출시 품질 교육(1일), 정기 품질 및 위생 교육(1일)이 있다.

프로그램명은 Basic 코스, 매장 실무교육(Store on the Job Training), 점주 정기교육, 한촌 점주 컨퍼런스, 한촌 Good Start 등이 있으며 현재 대표적인 성과는 2016 매일경제 100대 프랜차이즈 5년 연속 수상과 2015 프랜차이즈 수준평가 1등급, 우수프랜차이즈 브랜드 지정(중소기업청)이다.

한촌설렁탕은 가맹점과 본사가 파트너십을 통해 상생할 수 있도록 단계별 교육 프로그램을 진행하고 있다. 가맹 교육 프로그램은 운영교육팀에서 주관하며 각 가맹점과의 커뮤니케이션과 기술지도는 가맹관리팀과 연구소와의 협업으로 운영 중이다. 운영교육팀은 오픈 전부터 오픈 후까지 전체 교육을 주관하고 매월 1회 정기적으로 진행하고 있는 '점주정기교육'과 연 1회 진행하는 '한촌 점주 컨퍼런스', 시즌 및 행사별로 진행하는 신메뉴 교육, 메뉴 품질교육, 위생·안전 교육, 마케팅 교육 등 원활한 매장 운영을 위해 필요한 교육을 기획 및 진행하고 있는 부서다.

매장 운영에 관련된 분야부터 조리, 서비스, 직원 관리, 법적인 부분까지 세심하게 기획하고 본사의 도움 없이 점주 스스로가 직원 교육을 진행하며 매장을 운영하고 더 나아가 다점포를 운영할 수 있는 전문가가 될 수 있도록 체계적인 커리큘럼과 프로그램개발에 심혈을 기울이고 있다.

한촌설렁탕은 가맹점주가 실제 매장을 운영할 때 어려움이 없도록 일정을 꼼꼼하게 관리하고 교육 및 실전 훈련에 집중한다. 직영점 직원부터 가맹점주들까지 '서비스 훈련교육대장'을 이용해 BSP(Basic Service Point)와 롤플레잉 평가, 그리고 업무보고일지(Observation Sheet)를 통한 관리와 평가를 진행하고 있다. 고객만족 경영에 있어 중요한 MOT(Moment Of Truth)고객 접점 관리를 체계적으로 숙지해 모든 직원이 매장 내 주 서버로서의 역할을 수행할 수 있도록 훈련한다. 신규매장 오픈 시에도 가맹관리팀은 오픈 후 100일 집중관리와 매월 진행하는 점주정기교육, 시즌별 교육을 통해 안정적인 점포를 운영할 수 있도록 철저한 사후관리를 하고 있다.

매장 오픈 전 교육프로그램은 크게 본사 집체 교육과 매장 체험교육으로 나눠지며 총 5주간 진행한다. 본사 집체 교육의 경우 본사 집체교육은 한촌설렁탕의 경영철학을 이해하고 가맹점주로서의 역할 및 준수 사항을 익혀 초심을 잃지 않고 점주로서 책임감을 키울 수 있는 프로그램이다. 본사교육 3일과 충북 음성의 공장견학 2일로 진행되며 본사 교육은 6가지의 테마로 나뉜다. 브랜드에 대한 이해를 높일 수 있으며 체계적이고 경영에 대한 전반적인 내용을 알 수 있어 가맹점주의 만족도가 높다.

또한 매장 체험 교육에 있어서도 매장 체험 교육은 총 4주간 진행되며 1주는 주방 기기 및 식자재 이해, 밥 짓기, 육수 내기, 수육, 불고기 등 메뉴 조리 실습으로 외식업이 처음인 예비 점주도 어렵지 않게 매장운영을 할 수 있도록 조리부에서 집중적으로 훈련한다. 2~3주차에는 영업부 집중 훈련 기간으로 한촌 서비스 실무 이해 및 훈련을 통해 고객 응대법을, 4주차에는 재고 조사 및 발주, 직원 교육관리, 손익관리 등 매장 운영의 전반적인 내용을 교육한다.

일주일간 진행하는 본사 집체 교육은 매장 오픈 전 교육 받는 기본 코스로 6가지 테마로 진행하며 가장 핵심적인 프로그램이다. 첫번째 테마는 '준비된 한촌인'으로 프랜차이즈 시스템 이해 및 가맹계약서·정보공개서의 이해, 가맹점주의 역할 등 프랜차이즈 사업의 전반적인 정보와 한촌설렁탕의 매장 개점 절차, 매장 오픈 시 준비사항에 대해서 알 수 있다. 두 번째는 '변함없는 맛의 한촌인'이다. 한촌 메뉴의 차별성과 메뉴 준비 및 조리과정을 교육, '끌리는 한촌 서비스인'은 고객에게 정중하고 전문적으로 서비스할 수 있도록 서비스 정신에 대해 설명한다. 이외에도 위생의 중요성과 기본 안전 교육을 설명하는 '위생적인 한촌인', 경영에 관련된 이해를 도울 수 있는 '성공하는 한촌인', '합리적인 경영인' 으로 진행된다.

한촌설렁탕은 매장 오픈 후에도 안정적인 점포운영을 할 수 있도록 매월 정기적으로 교육을 시행한다. 정기교육은 '안목' 이라는 키워드로 명사 특강 4회, 전문가 특강 3회, 메뉴 개선 1회, 문화 체험 2회 등으로 진행된다. 점주는 매장 내 책임자이므로 안목을 키울 수 있도록 각 분야의 전문가를 초빙, 다양한 카테고리의 교육을 진행함으로써 점주들의 열린 사고를 목적으로 한다. 정기교육 시 세미나 형식으로 매장의 운영에 대한 토론 및 회의를 진행해 점주들이 매장 운영 관련 특이 사항이나 업무에 대한 이야기를 공유할 수 있는 자리도 마련한다. 또한 시즌 메뉴와 신메뉴 등 메뉴 이해 교육, 위생 점검 및 안전 교육도 매월 진행하는데 안전한 먹거리를 제공하는 데 최선을 다하고 있다.

점주 및 1년 이상 근무자, 희망 직원을 대상으로 브랜드의 경영철학을 공유하고 공장을 방문해 제품 생산과정을 직접 보며 브랜드에 대한 신뢰와 이해를 돕기 위해 '한촌 굿 스타트(Good Start)' 프로그램도 진행한다.

가맹점주들을 위한 경영정보공유시스템인 '점주방' 은 한촌설렁탕의 차별화된 장점 중 하나다. 점주방에서는 장소와 시간에 관계없이 웹으로 발주할 수 있으며 매장 운영의 전반적인 사항들을 정보화해 보기 쉽게 정리되어 있다. 또한 매월 진행하는 'B to B(Basic to the Basic)' 프로그램은 가맹점주에 대한 점주, 슈퍼바이저, 고객으로 구성된 평가단의 평가를 종합해 점주에게 초심으로 돌아가 매장을 진단하고 살펴볼 수 있는 프로그램이다. 특히 고객의 소리가 올라오면 저절로 점주에게 문자가 전송돼 바로 대응을 할 수 있도록 도와준다.

성공적인 점포 운영을 위해서는 점주 및 직원 관리가 중요하다. 고객과 직접 마주치는 점주와 종업원의 마인드에 따라 고객 서비스의 질이 달라지며 이것은 매장의 분위기와 매출에 직결되기 때문이다.

한촌설렁탕의 운영교육팀의 주임은 탄탄한 기본 교육이 가장 중요하다고 보고, 매장을 오픈하기 전 프랜차이즈 구조에 대해 정확하게 숙지하게 하고 매장 운영에 대한 전반적인 것을 점주 혼자 해나갈 수 있도록 중점적으로 교육한다. 이는 기업에 의지하는 가맹점주는 스스로 문제 해결을 하지 않아 현장에서의 대응이 늦어지고 원활한 서비스가 이루어지지 않기 때문이다.

한촌설렁탕의 교육 프로그램 중 '초심서약서'도 눈여겨볼 만하다. 점주들은 매장 오픈 시 초심서약서를 작성해 매장 내에 게시하는데 이는 매장을 운영하면서 힘든 순간이 닥치더라도 고객과 자신에게 다짐했던 초심을 되새길 수 있어 마음을 다잡는 경우도 많다.

한촌설렁탕은 본사와 가맹점주의 상생을 중시한다. 본사의 고객인 점주의 성장이 브랜드의 성장으로 이어지므로 이에 본사에서는 점주가 스스로 성장할 수 있도록 뒷받침하기 위해 다양한 교육 프로그램을 진행한다. 교육을 통해 소통하고 신뢰가 쌓이면 점주와 본사가 서로 윈윈할 수 있는 관계가 되기 때문이다. 따라서 외형을 키우기보다는 내실을 다지는 것에 가치를 두고 한촌설렁탕 500호점을 목표로 나가고 있으며 지금까지 식품 위생 관련 사고가 발생하지 않은 것처럼 매장 관리 및 교육 시스템에 집중해 가고 있다.

5) 본아이에프 〈본설렁탕〉

설렁탕은 부담 없는 가격대에 담백하고 고소한 맛으로 대한민국 국민이라면 누구나 좋아하는 음식 중 하나다. 변변한 약이 없어 음식으로 몸을 보하는 것이 보편적이던 시절, 설렁탕은 서민들에게 일종의 보약과도 같았다. 설렁탕은 서민을 대표하는 외식 아이템 중 하나다. 음식의 오랜 역사만큼이나 치열한 설렁탕시장에 체계화된 시스템과 깊은 맛으로 도전장을 내민 외식업체가 바로 〈본 설렁탕〉

이다.

〈본설렁탕〉은 본죽과 본도시락 등으로 이미 많은 고객을 확보한 저력이 있는 본아이에프㈜가 새롭게 론칭한 브랜드다. 2015년 7월에 브랜드를 론칭한 본설렁탕의 대표메뉴는 닭가슴살설렁탕(6500원), 본설렁탕(7000원), 국수설렁탕(8500원), 만두설렁탕(8500원), 특설렁탕(1만원), 도가니탕(1만4000원)이며, 상권입지의 한계 최소화로 일반 매장, 대형마트내 푸드코트, SSM(Super Supermarket) 샵인샵 매장 등 다양한 입지가 가능하다. 또한 프리미엄 재료를 통한 건강한 맛을 추구하여 음식의 맛과 품질을 높이는 식재료 선택으로 건강한 맛을 지향하고 있으며, 차별화된 3S 시스템 '간편, 안전, 속도' 세 가지를 목표로 한 운영시스템을 갖추고 있다. 인테리어 콘셉트는 남녀노소 편안함을 느낄 수 있는 모던한 분위기이다.

고객을 생각하는 본설렁탕의 마음은 '3S시스템'을 통해 가맹점주들에게도 이어진다. 간편함(Simple), 안전(Safe), 스피드(Speed)를 의미하는 이 시스템은 세상에서 가장 편리한 주방시스템을 구현하고자 한 본설렁탕의 방침에 따른 것이다.

II

소뼈 부드럽고 담백한 맛 곰탕

1. 국물 요리의 대표주자 곰탕

1) 곰탕의 유래와 역사

곰탕은 한식 중 국물요리를 대표하는 한국의 대표적인 음식이다. 곰탕은 여러 부위의 고기를 한데 모아서 끓일수록 맛을 더한다. 특히 각각의 부위마다 달라지는 미묘한 맛은 더욱 잘 어우러지기 때문이다. 이 같은 부위는 국가별 기준이 다른데 소 부위별 살을 아프리카 보디 족은 40부위, 영국인은 25부위 정도로 구분 하는 반면 우리는 125부위 정도로 세밀하게 구분할 만큼 탁월한 미각을 가지고 세분화시켜 요리에 반영하고 있다.

특히 이중 이보구니는 소 잇몸살, 수구레는 소가죽 안에 붙어있는 아교질을 일컫는 부위로 곰탕에서 인기가 높은 부위이다.

곰탕이란 원래 고기를 맹물에 넣고 끓인 국이라는 의미의 공탕(空湯)에서 유래되었다는 설과 고기를 푹 곤 국이라는 의미의 곰국에서 유래되었다는 설이 있다.

2) 후끈함의 적정 온도

뜨끈함의 적정온도를 두고 말이 많다. 우리는 뚝배기에 가득 담겨 나와 용암처럼 끓어오르는 국물 요리에 매우 익숙하며, 아예 테이블 위에서 국물 요리를 펄펄 끓여가며 그것을 '시원하게' 훌훌 떠먹기도 한다. 너무 뜨거운 음식의 위악은 잘 알려져 있다. 짠맛을 덜 느끼게 해 과도한 나트륨을 섭취하게 한다. 혀와 입천장을 데는 것은 미미하더라도 엄연히 화상이다.

그렇다면 미지근한 온도가 국물 음식의 최적치일까. 그렇지도 않다. 뜨겁긴 뜨거워야 한다. 지혜로운 곰탕 전문점들은 뜨거움과 미지근함 사이, 적정 온도를 정해두고 있다. 곰탕의 성지이자 표준으로 꼽히는 서울 명동 하동관 본점에서 갓 나온 곰탕 국물은 섭씨 76도다. 채 썬 파를 얹고 밥을 뒤섞고 나서는 70도로 내려가 딱 좋게 홀홀 먹을 수 있는 온도가 된다. 후후 불거나 조심할 필요 없이 숟가락으로 팍팍 떠먹을 수 있는 온도다. 여기에 깍두기 국물을 부으면 온도는 더 내려간다. 하동관의 이 절묘한 온도를 두고 단골들 사이에선 우스갯소리로 "빨리 먹고 나가게 하려고 안 뜨겁게 낸다"는 음모론이 잊을 만하면 부상하곤 한다. 그러나 손님의 회전이야 식당의 염려이고, 객이야 그것이 딱 먹기 좋은 온도를 배려한 것이라는 의도 그 자체에만 주목해도 충분하다. 솜씨 좋은 신흥 곰탕집 역시 대개 70도 대의 온도를 정해두고 곰탕을 낸다(한국일보, 2017.10.27.).

곰탕이 100도 가까운 뜨거운 온도로 나온다 해도 크게 문제되지 않는다. 유기나 그 비슷한 재질의 스테인리스 식기에 담겨 나오는 곰탕은 열전도율이 낮은 뚝배기에 담긴 것에 비해 빠르게 온도를 잃고, 하동관에서 그러했듯 송송 썬 파를 넣거나 깍두기 국물을 부으면 국물 온도는 계단식으로 툭툭 내려간다. 더구나 요즘처럼 식사 전 기도마냥 사진부터 찍고 수저를 드는 때엔 펄펄 끓어 나온다(한국일보 2017.10.27.).

3) 밥의 예술, 토렴의 지혜

곰탕의 완성은 밥이고, 토렴이다. 보온 기능이 있는 전기밥솥이 없던 때에는 곰탕의 밥이 무조건 토렴한 것이어야 했다. 찬밥을 뜨거운 국물에 말아 먹어서는 온도 손실이 너무나 크다. 그 손실의 결과는 면을 건져먹고 식은 라면 국물에 찬밥을 넣었을 때 어떤 온도가 되는지 연상해 보면 될 것이다. 그래서 개발된 기술이 토렴이다. 밥이 차게 식었지만 뜨거운 국물을 부었다 따라내는 일을 여러 번 반복해 밥의 온도를 덥히고, 국물도 뜨거운 채로 먹을 수 있게 했다.

찬밥의 문제는 단지 온도만의 문제가 아니다. 밥엔 다량의 전분이 있는데, 쌀알일 때 단단한 전분조직은 물과 열을 만나 쫀쫀한 젤리처럼 변한다. 말랑말랑하면서도 찰기 있는 상태로 쌀을 변화시켜 소화되기 쉽게, 그리고 맛도 좋게 하는 것이 밥 짓는 의의다. 문제는 갓 한 밥이 식으면서 일어난다. 온도가 낮아지면 밥의 전분은 다시 뻣뻣한 상태로 변해 맛도 없고 먹기에도 좋지 않다. 이때 수분을 더하고 온도를 높이면 다시 전분을 말랑말랑하게 변화시킬 수 있다. 현대 조리 과학의 원리로 밝혀진 현상이다. 토렴은 어디까지나 경험 원리에서 나온 선조의 고급 기술이라 할 수 있다.

전자레인지로 밥을 데우고 국물을 부어버릴 수도 있다. 그러나 토렴을 지속한다. 이 시대에도 토렴이 이어지는 것은 토렴한 밥의 고유한 특성 때문이다. 뜨거운 밥에 뜨거운 국물을 붓는 것만으로는 토렴한 것처럼 탱글탱글한 상태의 밥이 되지 않는다. 국에 밥을 말았을 때처럼, 퉁퉁 붓고 흐들흐들하게 풀어질 뿐이다. 밥이 죽으로 가는 중간 단계다. 식힌 밥을 이용해 토렴을 하면 맑은 곰탕 국물 안에서도 밥이 갓 지은 밥에 가까운 탄성과 동시에 부드러움까지 갖추게 된다. 아무리 신중히 토렴을 해도 소량의 전분이 풀려 나와 국물이 탁해지지만, 그것은 공평한 '기브앤테이크'의 결과로

받아들여야 한다.

곰탕 재료는 전통적으로 양지 같은 소의 살코기와 벌집양, 홍창, 곱창과 때로 지라를 비롯한 각종 소화기와 소량의 뼈다. 적은 양의 지방도 육수에 흘러나오지만, 단백질로 똘똘 뭉친 육수 그 자체가 곰탕의 본질이다. 단백질은 곧 고소한 감칠맛이다. 또한 '육향'이 라는 한 마디로 정의되는 고소한 아로마도 풍긴다. 그리하여 풍부한 맛과 향을 가진 곰탕은 다소 염도가 덜해도 먹는 데에 불편함은 없 다. 나트륨 과잉 섭취가 걱정된다면 소금간을 싱겁게 해도 그럭저럭 괜찮다는 이야기다. 살짝 짭짤하다 싶은 적정한 염도, 그러니까 0.9~1% 정도의 염도로 간을 하면 달고 고소하고 국물 맛이 확 살아 나 더 맛있게 된다. 바닷물의 염도가 3.5%이고 흔히 쓰는 양조간장 과 진간장의 염도는 16%다. (이혜림, 한국일보 2017.10.27)

2. 전통 명가 곰탕 전문점 우수브랜드 성공 전략

북서쪽으로부터 건조하고 찬바람이 밀려온다. 이럴 때 음식, 상투 적이기 그지없는 뜨끈한 국물. 그중에서도 고기 국물, 몸속 내연기관 까지 뜨겁게 덥혀 움츠린 어깨를 다시금 펴게 하는 곰탕 한 그릇.

점심에 곰탕 한 그릇 할까, 생각이 절로 드는 날씨다. 한겨울 곰탕집 문을 열고 들어서면 몸이 사르르 녹는다. 칼날 같은 추위와 메마른 습도에 시달리던 몸은 곰탕집 안의 후끈한 열기를 만나 거기서부터 위안의 시작이 된다. 단백질과 지방이 녹아든 국물은 그 자체로 체온 유지에 급급하던 몸속 내연기관을 다시 활활 불타오르게 하는 요긴한 에너지원이다. 식품의약품안전처가 제시하는 곰탕의 표준 칼로리는 700g 한 그릇에 579.62kcal로, 여기에 밥 한 공기까지 보태지니 겨울철 쓰기 좋은 장작임이 틀림없다.

국물 뜨끈하면서 팍팍 떠 먹을 수 있는 온도, 맛집들 대부분 70도에 맞춰, 곰탕의 완성은 밥과 토렴 식은 밥에 뜨거운 국물 수차례, 갓 지은 밥 처럼 탱글탱글하다. 뜨거움과 미지근함 사이 곰탕이 가장 맛있는 온도는 '70도' 다.

곰탕은 절대 강자 하동관이 이미 정해져 있고, 동네마다 지역에서 손꼽히는 명가들이 포진해 있다. 각 식당의 전통 방식을 그대로 고수해 이어 내려오는 음식이지만, 그 절대성에 도전하는 새로운 강자가 속속 등장했다. 최근 곰탕의 새로운 명소로 꼽히는 세 곳은 서울 마포구 현석동의 마포곰탕수육, 그리고 마포구 합정동의 합정옥과 옥동식, 광화문 곰탕이다.

1) 마포 곰탕

유명 곰탕 전문점에 오랜 단골로 드나들다 곰탕집 창업을 결심하고 그 전문점 주방에 취업해 곰탕 국물 내는 법을 정식으로 배워 나왔다. 전통 있는 곰탕, 냉면 전문점들이 개업 당시부터 소고기를 받아쓰는 서울 종로구 팔판정육점에서 암소를 받는다. 매일 130~150인분 분량의 곰탕을 끓이는데, 차돌양지, 업진살, 우삼겹, 벌집양, 양, 홍창, 곤자소니, 애기보 등 다양한 부위를 사용해 풍성한 맛이 우러나온다. 알이 크고 탱글탱글한 품종인 신동진 쌀을 사용하는데, 토렴 방식은 조금 독특하다. 대부분 식당이 토렴용 국물을 따로 사용하는 것과 달리 이곳은 국물용과 토렴용을 구분하지 않고 같이 쓴다. 밥의 전분과 고기의 향이 국물에 섞여 나와 있어야 국물 맛이 더 좋다. 점심에 사용한 국물은 버리고 휴식시간 후 저녁 장사에 쓸 국물을 따로 데워 낸다. 소금간은 최소한으로 해 염도가 0.16%에 불과하다. 물론 식탁에 볶은 소금이 놓여있어 간은 취향껏 맞출 수 있다.

2) 합정옥 곰탕

"곰탕집 하나 차리자"는 시아버지가 말에 며느리는 곰탕집 사장님이 됐다. 합정동 토박이인 시아버지가 수십 년째 집에서 손수 끓여 가족과 친지를 대접하던 솜씨 그대로 매일 새벽 곰탕을 끓인다. 서울 마장동에서 고기를 떼오는데, 양지, 양, 벌집양, 곱창, 홍창, 대창, 목 힘줄, 사골 등 다양한 부위의 재료를 쓴다. 한 번 끓일 때 400인분을 끓이며, 무려 150㎏ 정도를 쓴다. 상당히 많은 양이다. 국물 맛과 향의 진하기가 남다를 수밖에 없다. 합정옥의 소금간 역시 '셀프'다. 맞춰 나온 염도는 0.24%에 불과하다. 국물은 91도로 꽤 뜨거운 편이지만 금세 온도가 내려가 먹기에 크게 불편하지 않다. 평소에는 탄성이 좋은 오대쌀을 쓰는데 요즘은 햅쌀 철이라 쌀가게에서 토렴에 더 좋다고 추천한 햅쌀 혼합미로 밥을 짓고 있다. 아침에 지어 식힌 밥을 토렴할 때는 토렴용 국물을 따로 쓴다. 그 국물에 배추와 양념을 추가해 끓여내는 '속대국'이 독특하다. 곰탕과 마찬가지로 이 집안에서 먹던 음식이다.

3) 옥동식 곰탕

상호와 오너셰프의 이름이 같다. 몇 해 사이 새로 육종돼 시장에 등장한 돼지 품종인 버크셔K를 적극적으로 내세운 곰탕 전문점이다. 버크셔K 앞다리살, 뒷다리살로 낸 국물은 눈으로 보면 맑기가 그지 없어 꼭 평양냉면의 색을 하고 있다. 맛을 보면 소 곰탕인가 닭 곰탕인가 싶을 정도로 감칠맛이 강하고, 돼지고기 특유의 단 맛이 묵직하게 치고 올라온다. 밥을 지어 식힌 후 사용하는데, 쌀 품종은 토렴에 적합한 것으로 그때그때 상태가 가장 좋은 것을 골라 쓴다. 날에 따라 신동진일 때도, 오대일 때도 있었다. 토렴은 신중하게 한다. 밥과 하루 식혀 얇게 썬 고기를 그릇에 담고 토렴용 국물을 조심스레 붓고, 부드럽게 빙빙 돌려 밥알 사이로 국물이 파고들게 한다. 한번 따라내고 국물을 새로 부어 나온다. 0.75~0.77%로 잡는 염도는 짠 입맛이 아니라면 그대로 먹기에도 딱 좋고, 국물 맛을 살리기에도 가장 적절한 온도로 옥 셰프가 실험 끝에 잡은 것이다. 온도는 70도에서 80도 사이로 맞춰 나온다.

4) 광화문 곰탕

이탈리아 요리를 전문으로 해온 이곳 셰프가 '무국적 술집'을 표방한 '몽로'에 이어 돼지 국밥 전문점을 낸다고 했을 때 적잖이 많은 이들이 놀랐다. 까탈스러운 입맛으로 유명한 그가 낸 돼지 곰탕은, 놀란 이들의 고개를 결국은 끄덕이게 했다. 제주 흑돼지의 엉덩이살과 털이 붉은 듀록 돼지의 어깨살로 낸 광화문 곰탕의 국물

맛 역시 맑고 투명하다. 그러면서도 달고 감칠맛이 돌아 여운이 길게 남는다. '곰탕'으로 명명했지만 '따로 국밥'이라 하는 것이 정확하다. 손님들이 밥 자체의 맛도 즐기게 하고자 국물에 말거나 토렴하는 대신 시시때때로 짓는 밥을 그때그때 밥솥에서 퍼서 따로 낸다. 곰탕의 분류로 설명하는 것은 부산식 돼지국밥과는 또 다르기 때문이다. 부산에서 맑은 육수를 내는 곰탕집도 있지만 그와도 다른 장르다. 국물 위에 '정구지(부추)'를 잔뜩 썰어 얹는 것은 이곳 셰프가 부산의 돼지국밥에 헌정하는 오마주다. 영업 비밀에 부친다고 했지만 재본 염도는 0.7%로 정확히 맞춰져 있었다. 온도도 85도다. 첫 술을 떴을 때 살짝 뜨거운 정도다. 곰탕집의 또 다른 자존심은 국물 맛뿐 아니라 김치, 깍두기에도 있다. 네 곳 모두 김치는 사서 쓰지 않고 담근 것을 내는데, 광화문 국밥에서는 국물에 딱 맞는 깍두기를 담가 손님상에 낸다.

5) 아빠 곰탕

육개장, 설렁탕에 이어 곰탕 역시 100년 이상의 오랜 역사를 지닌 한국의 대표 탕반 음식이다. 소 사골과 고기를 넣고 하루 이틀 푹 끓이면 뽀얀 국물이 우러나는데, 예부터 양반가에선 귀한 손님이 방문하거나 중요한 잔치가 있을 때마다 정성스럽게 끓인 곰탕 한 그릇

을 내곤 했다. 한국 탕반음식의 전통과 기품이 담긴 곰탕으로 프랜
차이즈 사업을 전개해나가고 있는 아빠곰탕은 전통한식 곰탕의 프랜
차이즈화로 눈길을 끌었다.

아빠곰탕은 2015년 말 서울 반포동 직영 매장으로 시작했다.
이곳의 공동 대표는 브랜드 론칭에 앞서 '한식을 어떻게 하면 간편
하면서도 기품을 잃지 않는 창업 아이템으로 풀 수 있을까' 고민하
다가 곰탕을 선택했다. 세기의 역사를 지닌 몇 안 되는 한국의 전통
탕반 음식인 데다 호불호가 나뉘지 않는 대중 메뉴이기도 하기 때문
이다. 육수의 깊은 맛과 푸짐한 속 재료, 정갈한 담음새는 물론 진한
곰탕의 맛을 균일한 상태로 고객에게 제공할 수 있도록 아빠곰탕은
경기도 남양주와 경남 산청 지역에 제조 공장과 물류 시스템까지 완
벽하게 갖췄다.

아빠곰탕은 '아빠의 마음과 정성으로 끓인 곰탕'이라는 뜻을 담
은 브랜드명이다. 한가한 주말 저녁 앞치마를 메고 아이들과 주방에
서 시간을 보내는 아빠의 마음처럼 고객에 대한 애틋한 마음과 진정
성으로 곰탕을 만들어 제공하자는 스토리를 담았다. 탕반음식을 메
인으로 하는 프랜차이즈로는 주로 육개장이나 설렁탕 아이템이 대부
분인 가운데, 아빠곰탕은 양반가 음식인 곰탕을 내세운 몇 안 되는
브랜드 중 하나다. 현재 2곳의 직영점과 23곳(2017년 기준)의 가맹

점이 성업 중이다.

탕반음식의 가치를 살리면서 진입장벽은 낮춘 아빠곰탕은 그 동안 한식 프랜차이즈가 롱런하기 어려웠던 것은 두 가지 제약 때문이다. 한식 메뉴 특성상 시스템화가 어려운 데다 '손맛 좋은 한식 대가들의 영역'이라는 이미지가 컸다. 더구나 곰탕의 경우 전통 탕반음식의 기품을 잃지 않아야 하는 데다 편리한 오퍼레이션까지 갖춰야 하는 프랜차이즈 특성상 곰탕 프랜차이즈는 진입장벽이 높을 수밖에 없었다.

아빠곰탕은 두 가지 문제를 해결하는 데 주력했다. 자체 제조공장에서 곰탕을 비롯한 전 메뉴를 1차 조리해 각 가맹점으로 균일하게 납품한다. 단 분말이나 액상 상태가 아닌 조리한 상태 그대로 급랭해 공급하는 것을 원칙으로 한다.

곰탕의 메인이 되는 육수의 경우 사골과 도가니, 우족, 꼬리, 아롱사태, 차돌양지 등을 넣고 하루 이상 끓여 10kg 단위로 포장하고 고명용 고기와 수육용 고기는 삶은 후 슬라이스한 상태로, 석박지를 비롯한 계절김치 역시 자체 공장에서 담가 팩 포장해 가맹점으로 보낸다. 젤리 상태로 굳어있는 육수를 슬라이스한 고기, 각종 부재료와 함께 끓인 후 상에 내기만 하면 되므로 오퍼레이션이 간편하다. MSG 없이 끓인 육수를 그대로 제공하기 때문에 곰탕 진국의 참맛도 살린 셈이다.

안주메뉴와 테이크아웃 판매, 매출 밸런스가 탁월하다. 곰탕, 육개장을 비롯한 '한 그릇' 음식의 장점은 회전율을 높일 수 있다는 것이다. 그러나 테이블 단가를 높이기에 한계가 있다는 단점도 있다. 아빠곰탕은 저녁시간 주류 고객을 겨냥한 요리·안주 메뉴를 다양하게 구성해 저녁 매출을 보완하고 있다. 저녁 대표메뉴는 진황제모듬수육과 열황제모듬수육, 진곰전골, 꿀갈비찜, 매운불갈비찜이다. 가장 작은 사이즈는 3만5000원, 큰 사이즈는 5만 원으로 2~3명 또는 4~5명이 먹기에 각각 충분할 만큼 푸짐하게 낸다.

진황제모듬수육은 양지와 사태, 도가니, 차돌, 스지 등 8가지 부위를 하루 이상 삶아 돌판에 육수와 함께 내 테이블에서 보글보글 끓여 먹는 메뉴다. 열황제모듬수육은 일반 맑은 육수 대신 얼큰한 국물을 담아 제공한다.

곰탕 메뉴는 테이크아웃으로도 판매한다. 고기 고명과 배추김치, 석박지, 파는 별도로 포장해놓고 육수의 경우 뜨거운 상태 그대로 팩에 담아내거나 냉동상태로 제공하기도 한다. 메인인 곰탕 외에 저녁 메뉴와 테이크아웃 구성으로 부가 수익을 끌어내는 점이 돋보인다.

2015년 10월에 브랜드를 론칭한 아빠곰탕의 대표메뉴는 아빠곰탕

7500원, 진곰탕 8000원, 열곰탕 8000원, 통도가니곰탕 1만5000원, 아빠갈비탕 1만1000원, 진닭곰탕 9000원, 진황제모듬수육 3만5000원, 매운불갈비찜 4만5000이다. 창업비용은 66.12㎡(20평)기준(외부 공사비보증금 등 제외) 약 4800만원이며 전화는 02-534-0988 이다.

한국 전통 탕반음식 곰탕의 시스템화와 부담 없는 가격으로 메뉴 대중화 및 자체 제조공장 구비와 물류 시스템의 안정적 운영, 저녁 식사 안주메뉴 구성으로 매출 밸런스를 맞췄다는 것을 경쟁력으로 꼽을 수 있다. 특히 곰탕은 해장에 탁월하며 점심시간 직장인 식사 메뉴로 선호도가 높다. 저녁에는 수육이나 전골, 갈비찜 등으로 회식 고객을 끌어 모을 수 있다.

주거 지역에서도 아빠곰탕은 반응이 좋다. 특히 주부고객의 만족도가 높다. 몇몇 고객은 식사 후 테이크아웃으로 5~6인분을 추가 포장해가기도 한다. 아이들이 먹기에도 부담 없기 때문에 주말에는 가족 단위로도 방문한다. 오피스 상권과 주거 상권을 동시에 잡을 수 있다는 점은 창업 시장에서 분명한 경쟁력이다.

규모에 따라 다른데 99.17㎡(30평)규모에서 월 평균 7000만원 이상의 매출을 올린다. 잘되는 매장은 42.98㎡(13평) 규모에서 월 6000만원 이상을 유지하기도 한다.

III

한국인의 소울푸드, 국밥

1. 한국인의 소울푸드 국밥

1) 국밥의 유래와 역사

국에다 밥을 넣어 말아 먹는 요리의 통칭. '밥말이'라고도 한다. 일본의 라멘이나 중국의 딤섬, 베트남의 포(쌀국수)처럼 각 나라마다 대중적으로 대표하는 음식이 있다면, 한국에는 국밥이 있다고 말할 수 있을 정도로 대중적인 인기를 자랑한다.

다른 나라에도 국밥과 비슷하게 먹는 방식이 있긴 하다. 예로 수프에 빵이나 크래커를 잘게 부숴 넣어 먹는다든가 칠리에 빵을 담가 먹는 방법이 있지만 한국 요리인 국밥처럼 지역별 특산물과 고유의 조리법이 존재하는 경우는 없다고 볼 수 있다.

국 따로 밥 따로 나오는 것을 따로국밥이라고 하는데 보통 일반 국밥보다 1,000원이 더 든다. 식당에서 밥그릇을 따로 준비해야 하고, 국그릇에서 밥이 빠진 만큼 국물이나 건더기가 더 들어가기 때문이다.

요즘은 굳이 따로국밥이 아니더라도 밥 따로 국 따로 내오는 국밥집도 많다. 말아먹을지 그냥 먹을 것인지는 본인 취향에 맞게 선택. 사실 요리로 따지면 손님이 밥을 국에 마는 것보다 밥을 만 채로 끓이거나 토렴하는 과정을 거치는 쪽이 밥알 하나하나에 국물이 스며들어 더 맛있다고 하지만, 밥을 말아 내오는 국밥의 경우 종종 나쁜 식당 주인중에 다른 손님이 먹다 남긴 밥을 쓰는 사람이 있다는 의심 때문에 성격이 깔끔한 사람은 따로국밥만 시키는 경우도 많다.

2) 국밥의 발전

국밥은 3첩 반상도 언감생심인 서민들의 허한 속을 데워주던 음식이다. 지역별로 쉽게 구할 수 있던 재료를 넣어 끓여냈다. 음식 문화가 발달하면서 지역 경제를 살리는 효자 상품으로 알려졌다.

전남 순천시 동외동 웃장에선 국밥이 상에 오르면 감탄사가 터진다. 푸짐한 수육 한 접시가 딸려 나오기 때문이다. 웃장국밥은 돼지창자 없이 삶은 돼지의 머릿고기만 넣어 끓인다. 깔끔한 뒷맛이 일품인 웃장국밥을 비우고 나면 온몸 구석구석 말초신경이 살아나고 혈액 순환이 왕성해지는 느낌이 든다. 순천 웃장은 1928년 지금의 동외동 일대에서 형성됐다. 1960년대부터 시장에 들어선 국밥 음식점은 현재 20곳이다. 순천시는 매년 9월 8일 웃장국밥 축제를 연다. 9(구), 8(팔)이 국, 밥과 발음이 비슷해 9월 8일을 '국밥데이'로 정했다.

충북 괴산 시외버스터미널 맞은편에는 올갱이국밥 식당 10여 곳이 모인 '올갱이국 거리'가 있다. 청정 1급수에서 서식한다는 올갱이 (다슬기의 충청도 방언)가 괴산에서 많이 잡히면서 올갱이국밥집도 하나둘 들어섰다. 괴산 올갱이국밥은 올갱이살을 달걀 푼 밀가루에 버무리고서 끓여내는 것이 특징이다. 올갱이살이 더 탱글탱글해지고 비린 맛이 누그러든다. 여기에 아욱과 부추를 듬뿍 넣어 고소함을 더한다. 먹을 것 없을 때 구할 수 있던 올갱이를 괴산 사람들이 많이 해먹다 국밥으로 발전했다.

부산의 돼지국밥집은 분식집보다 더 많다는 농담이 나돌 정도로 많다. 종류도 설렁탕, 곰탕처럼 뽀얀 국물에서부터 짬뽕처럼 매운 돼지국밥에 이르기까지 다양하다. 동구 범일동, 부산진구 서면, 부산역 주변 등 도심뿐 아니라 대학가, 큰 전통시장통에도 돼지국밥 골목이 형성돼 있다. 지난 9일 오후 7시 부산 부산진구 서면시장 '돼지국밥 거리' 곳곳에서는 대형 육수 솥에서 나오는 하얀 김이 안개처럼 퍼져 올랐다. 식당 안은 식사를 하거나 소주잔을 기울이는 사람들로 북적였다. 부산 돼지국밥은 6·25전쟁 때 몰려든 피란민들이 돼지머리와 내장을 섞거나 돼지뼈와 함께 육수를 내며 만들어졌다. 요즘 돼지국밥은 프랜차이즈화 되며 여성과 젊은이로 고객층이 확대됐다. "아지메(아줌마), 여기 밥 한 공기 더 주이소(주세요)~" 경남 함안

군 함안면 북촌리 소고기국밥 골목의 한 식당에서 손님이 추가 주문을 넣었다. 굵직하게 썰어 넣은 대파, 두툼한 소고기 사태, 커다란 선지 한 점, 얼큰함을 더하는 콩나물이 그릇에 담긴다. 함안 소고기국밥의 명성은 읍내시장에서부터 시작됐다. 1960년대부터 상인들과 시민들의 큰 사랑을 받았다. 요즘에는 695명 북촌리 인구보다 많은 사람이 오로지 국밥을 위해 이곳을 찾는다. 경남 창녕 수구레국밥은 소고기국밥의 친척이다. 수구레란 소의 가죽과 고기 사이에 붙은 질긴 부분이다. 소고기를 엄두도 못 내던 시절에 싸고 쉽게 구할 수 있었던 수구레로 국밥을 끓였다. 싸면서 맛도 좋아 서민 음식으로 자리 잡게 되었다.

질긴 듯 쫄깃쫄깃한 수구레를 가마솥에 넣고 1시간가량 푹 끓여 만든다. 삶아낸 수구레를 건져 집게손가락 크기로 썬 뒤 신선한 선지와 함께 반나절 이상 우려낸 사골 국물에 넣고 파, 고춧가루, 간장 등 갖은 양념을 한다. 쫄깃한 식감과 얼큰한 국물은 묘한 중독성을 만들어 낸다. 고기는 썰어야 맛이라는 말이 가장 맞는 음식이 수구레국밥이다.

1970년대 박정희 대통령이 전북 전주에서 이름만 들으면 안다는 국밥집에 들렀다. 한 숟갈을 뜨려는데 주인 할머니가 알은체를 했다. "네놈은 박정희 대통령이랑 어찌 고로코롬 쏙 빼닮았냐!" 유심히 쳐다보던 할머니가 감탄했다. 곧이어 "옜다, 이놈아, 계란이나 하나 더 처묵어라" 하며 귀하던 계란을 하나 더 얹어줬다. 할머니의 인심에 박 대통령은 무척 흐뭇해했다고 한다. 박 대통령이 계란 두 개를 얹어 먹던 것은 전주 콩나물국밥이다.

(1) 삼남 지방 장사꾼들, 콩나물국밥 허기 달래

전주 콩나물국밥은 20세기 초 장국밥으로 팔리면서 전국적인 명성을 얻기 시작했다. 전주 남부시장은 삼남 지방에서 최대 규모로 항상 장사꾼들로 북적였다. 새벽 장에 나온 사람들은 콩나물국밥으로 허기를 채웠다. 전주 콩나물국밥은 조리 방법에 따라 남부시장식과 삼백집식으로 나뉜다. 멸치·다시마·무·대파·양파 등을 넣고 푹 끓여 육수를 내는 방식은 비슷하다. 남부시장식은 뚝배기에 밥과 삶은 콩나물을 넣고 미리 끓여 놓은 이 육수를 국물을 여러 번 부었다가 따라내며 서서히 덥혔다 말아낸다. 토렴이라고 불리는 과정이다. 왱이집과 현대옥이 이 방식으로 만든다.

뚝배기에 밥·콩나물 등의 재료를 넣고 육수를 부어 펄펄 끓이고, 손님상에 내기 직전 국밥 위에 달걀을 얹는 게 삼백집식이다. 달걀을 섞지 않은 상태에선 담백한 국물 맛을 맛볼 수 있고, 휘휘 저으면 걸쭉하고 텁텁한 맛이 난다. 박정희 대통령이 먹은 국밥은 삼백집식이다.

2018 평창 동계올림픽 개최 도시인 강원 평창군엔 뽀얀 국물의 황태국밥이 유명하다. 황태로 국물을 낸 육수에 콩나물과 두부 등이 한가득 담겨 나온다. 담백하고 구수한 국물 맛이 특징이다. 평창군 대관령면엔 겨울마다 명태 수백 마리가 덕장에 층층이 널려 있는 진풍경이 연출된다. 덕장에 걸어 둔 명태는 밤새 찬 바람이 불어 얼고, 낮에는 햇볕을 받아 녹기를 반복하며 황금 빛깔의 황태가 된다. 6·25전쟁 직후 함경도에서 내려온 피란민들이 이북과 비슷한 기후 조건을 가진 이곳에 덕장을 짓고 황태를 생산하기 시작했다.

황태는 '신약본초'에서 해독의 신약으로 간주했을 정도로 해독에 탁월하다.

경기도 광주시에는 '곤지암 소머리국밥'이 있다. 곤지암 일대에 소머리국밥을 전문으로 판매하는 음식점 10여 곳이 있다. 고소한 국물과 쫄깃한 고기로 잘 알려져 있다. 특히 주변에 곤지암 리조트, 골프장 등 위락 시설이 많은 데다 중부고속도로 길목이라 나들이객의 발길이 끊이지 않는다. 곤지암 소머리국밥의 원조는 최미자 사장이다. 가난한 살림에 병치레가 잦은 남편과 억척스럽게 살아가던 최씨는 생계를 위해 1981년 대폿집을 열었다. 1983년 성남 성호시장에 나갔다가 소머리국밥을 만들어보라는 권유를 받았다. 시행착오 끝에 인삼으로 특유의 노린내를 잡았다. 갖가지 재료를 넣고 끓여 감칠맛을 내는 방법도 터득했다.

연탄불에 솥 3개로 시작한 최씨의 국밥 가게는 입소문을 타고 문전성시를 이뤘다. 차츰 주변에도 소머리국밥집이 생겨났다. 30년이 지났지만 곤지암에는 여전히 최씨의 이름을 내건 국밥집이 2곳이나 될 정도로 인기를 누리고 있다. 가마솥에 사골을 5시간 끓이고 찹쌀가루와 수삼, 무 등 10여 가지의 재료를 넣어 육수를 우려낸다. 푸짐하게 담긴 소머리 고기와 우설 등을 양념장에 찍어 먹는 재미가 있다.

(2) 길손들 즐겨 찾던 칠곡 순대국밥 · 담백한 공주국밥

경북 칠곡군 왜관역(驛) 앞에는 반세기 넘게 길손이 즐겨 찾는 순대국밥집이 많다. 왜관시장 입구에서 행인들에게 "순대국밥 잘하는 집이 어디냐"고 물으면 하나같이 20여m 떨어진 점포를 가리킨다. 간판 이름부터 '진짜 중의 진짜'라는 뜻을 가진 '진땡이 순대국밥'이다. 하효진 · 배민영 부부가 운영한다. 40여 년 전 할머니가 운영하던 식당을 아버지가 운영하다가 10여 년 전부터는 하씨 부부가 가업으로 이어받았다. 국물 맛이 담백하고 개운하면서도 진하다. "국물 더 드릴까예." 한 그릇 뚝딱 비웠더니 식당 주인이 덤으로 내놓은 국물에 포만감이 밀려온다.

지난 17일 경북 칠곡군 왜관역 인근 순대국밥 집에서 주인장이 펄펄 끓는 국물에 밥을 데우고 있다. 지난 17일 경북 칠곡군 왜관역 인근 순대국밥 집에서 주인장이 펄펄끓는 국물에 밥을 데우고 있다.

맛 비결은 24시간 이상 끓여 만든 육수에 있다. 암퇘지의 머리고 기와 엄선된 내장 등으로 국물을 우려낸다. 국밥에 들어간 순대는 모두 수제로 만들었다. 잘 손질된 곱창에 선지와 당면, 여러 가지 야채를 듬뿍 넣어 두툼하다. 촉촉한 식감에 씹을수록 고소한 맛이 난다.

충남 공주에는 지역 이름을 딴 공주국밥이 유명하다. 사골을 끓여 육수를 내고 양지머리와 사태, 대파를 넣은 소고기국밥이다. 고춧가루를 넣어 붉은 빛깔이 도는 국물이지만 맵거나 짜지 않은 게 공주국밥의 특징이다. 1920년대 공주 시내를 지나는 제민천변에 열린 나무시장을 중심으로 국밥집이 여러 곳 있었다. 나무시장이 사라지고 한국전쟁이 나면서 당시의 국밥집은 모두 사라졌다. 공주국밥의 명맥을 이은 것은 고봉덕(1928~2011) 점주다. 고대표는 1950년 공주 산성시장에서 처음 식당을 차렸다. 6·25전쟁 때문에 4년간 영업을 중단했다가 1954년 이학식당이라는 간판을 내걸고 50여 년 동안 국밥을 팔았다.

지금은 고대표의 두 아들이 각각 이학식당, 새이학가든에서 공주 국밥을 낸다. 고대표의 막내며느리이자 새이학가든을 운영하는 김혜식 대표는 "무는 적게 넣고 대파를 오래 끓여 깊은 맛을 내는 것이 시어머니의 비법"임을 강조한다.

3) 순대는 몽골에서 유래, 국밥은 토종 순 '한국식'

순댓국밥의 저렴한 가격에 푸짐하고 든든하게 즐길 수 있어 꾸준히 사랑받고 있는 서민 음식의 대표주자다. 돼지 부속물을 주재료로 하는 만큼 호불호(好不好)가 장년층이나 남성들로 고객층이 한정됐던 순댓국이 최근 낡은 분위기를 벗고 대중화에 나서면서 전통의 명맥을 이어가고 있다.

순대는 동물의 내장에 선지, 부속고기, 곡물, 채소 등을 넣어서 쪄낸 음식이다. 순대의 기원에 대해서는 여러 가지 설(說)이 있는데, 그중 가장 신빙성 있는 것은 몽골에서 유래됐다는 것이다.

우리나라에서는 조선 말기의 조리기록서인 《시의전서》를 통해 순대라는 명칭이 처음 사용된 것을 알 수 있다. 시의전서에는 "창자를 뒤집어 깨끗이 빨아 숙주, 미나리, 무를 데쳐 배추김치와 함께 다져서 두부를 섞는다. 파, 생강, 마늘을 많이 다져 넣고 깨소금, 기름, 고춧가루, 후춧가루 등 각색 양념을 넣고 돼지 피와 함께 주물러 창자에 넣는다. 부리를 동여매고 삶아 식혀서 썬다"라고 순대를 설명하고 있다.

순대의 유래는 여러 가지지만 순댓국, 순대국밥은 한반도의 탕반(湯飯)문화에서 비롯된 우리 고유의 음식이라는 것이 정설이다. 국에 밥을 말아먹는 것이 익숙한 우리나라 사람들은 푹 곤 사골 육수에 순대와 각종 돼지 부산물을 넣어 비교적 저렴한 가격으로 든든한 한 끼 식사를 만들어 먹었다. 순댓국에 대한 정확한 문헌은 없으나, 일제강점기 이후 유행한 음식으로 짐작되고 있다.

4) 지역마다 만드는 방식 달라

국밥이라고 해서 다 똑같은 음식은 아니다. 우리나라의 국밥은 북쪽의 함경도부터 남쪽의 제주도까지 전국에 걸쳐 각각의 지역색에 맞게 발전해 분포돼있다. 지역마다 먹는 방법과 만드는 방법에 특색이 있다.

한반도의 국밥은 크게 두 종류로 나뉜다. 하나는 함경도 '아바이 순대'를 넣은 국밥이고 하나는 남부지방의 '피순대'를 넣은 국밥이다. 현재 순대국밥은 대표적인 함경도식 아바이 순대국밥과 피순대를 활용한 순대국밥으로 나뉘어 있으며, 밥이 함께 말아 나오는 순대국밥과 밥이 따로 나오는 따로국밥식 순대국밥으로 나뉘어져 있다.

하지만 피순대를 넣은 순댓국과 밥을 토렴해 훌훌 말아먹는 순대국밥은 마니아성이 강해 점차 줄어드는 추세다.

5) 변화의 옷 입고 젊은층 공략

순대국밥은 육류, 곡류, 채소류가 골고루 함유된 식품으로 제조방법에 따라 차이가 있긴 하지만 완전식품에 가깝다고 할 수 있다. 또 가축의 혈액을 포함하고 있어 철분의 훌륭한 공급원으로 특히 여성에게 적합한 영양식품이다.

하지만 돼지 부산물, 선지 등 기호성이 강한 재료 덕분에 전 연령층에서 각광받지는 못했던 것이 사실이다. 이처럼 중년 남성층의 전유물이었던 순대국밥이 최근에는 점차 그 연령층이 확대되고 있는 추세다. 이는 순대국밥 전문점에서 새로운 고객층 확보를 위해 신메뉴 개발 등을 비롯한 다양한 노력을 경주하고 있는 것이 요인으로 분석된다.

최근 오픈하는 순대국밥 전문점들은 선지가 들어가는 순대에 대한 호불호를 감안해 선지가 없는 순대국밥을 판매한다거나, 육수에 있어서도 순대국밥 특유의 잡내를 없애는 데 주력하고 있다. 여기에 매장 인테리어 역시 젊은 감각으로 재구성해 여성 및 젊은 고객층의 방문을 이끌어내고 있다.

그러나 순대국밥이 대중적인 음식이라고 하지만 아직도 고객층이 한정적인 측면이 있는 것도 사실이며 순대국밥과 관련된 다양한 메뉴개발과 매장 환경 개선으로 신규 고객층 확대에 주력하고 있다.

2. 한국인의 소울푸드 국밥, 창업시장 영원한 스테디셀러

뜨끈하고 구수한 국밥 한 그릇에 밥 한 공기 뚝딱 말아 해치우고 나면 배는 물론 마음까지 든든해진다. 한국인이라면 누구나 가지고 있을 국밥에 대한 추억은 세대를 아울러 공감대를 형성한다. 전문가들은 국밥 메뉴가 스테디셀러로 남을 수 있었던 첫 번째 이유로 한국인의 탕반 문화를 꼽는다. 빵보다는 밥, 밥은 국물과 함께 먹어야 한다는 뿌리 깊은 인식과 어렸을 적 부모님을 따라가 먹었던 국밥을 기억하는 입맛이 국밥 시장을 지금까지 이어오게 한 것이다.

국밥의 가격대는 5000원에서 7000원 사이로 계속되는 경기불황에

저가 음식이 인기를 끌면서 저렴하게 한끼를 배불리 먹을 수 있다는 점도 국밥이 꾸준히 사랑받는 이유다.

반면 간편식의 대명사 김밥은 프리미엄 열풍으로 3000~4000원으로 가격대가 껑충 뛰었다. 김밥 한 줄을 이 가격에 먹을 바에야 2000~3000원을 더 주고 뜨끈한 국물에 한 끼 든든히 먹겠다는 심리도 고객들이 국밥집으로 발걸음을 옮기는 이유 중 하나다. 국밥의 또 다른 경쟁은 스피드다. 경영주로서는 국물과 건더기만 준비하면 간편하게 3분 안에 차려낼 수 있고 고객 입장에서는 기다리지 않고 빨리 먹을 수 있어서 창업자와 고객 모두가 편의성이라는 점에서 선호하는 메뉴. 이에 따라 회전율이 높고 단시간 내에 매출을 상승시킬 수 있는 박리다매형 이익창출이 가능한 아이템이기도 하다.

현재 공정거래위원회 가맹사업자 정보공개서에 따르면 '국밥'을 키워드로 브랜드를 운영하는 본사는 약 40여 곳에 달하며, 인터넷 포털 사이트 기준 전국의 '국밥집'은 독립점포와 프랜차이즈 가맹점을 포함해 약 1만 6000여 곳 정도로 추정된다.

1) 3분 안에 조리가 끝나는 편리한 오퍼레이션

국밥은 육수, 고기 등의 핵심 재료만 준비해두면 바로 제공할 수 있는 편리한 아이템이다. 곁들이는 반찬도 배추김치와 깍두기 정도로 많은 찬을 준비할 필요가 없다. 특히 프랜차이즈라면 본사에서 모든 원재료 및 소스, 완제품을 납품하기 때문에 더욱 손쉬운 운영이 가능하다.

매장 내에서 직접 대량으로 육수를 우리고 순대나 머리고기, 수육 등을 손질하는 일이 생각보다 만만치 않다. R&D 노하우와 센트럴키친을 갖춘 프랜차이즈 본사를 선택할 경우 매상에서는 고객 서비스에 집중할 수 있어서 좋다.

기존 국밥전문점 운영의 가장 큰 약점으로 꼽히는 것 중 하나가 바로 원재료의 손질이 힘들고 육수의 맛을 균일하게 내기 어렵다는 점이다.

'더 진국'의 경우 CK에서 생산된 육수용 엑기스와 진공포장된 돼지고기를 제공하는데 매장에서는 엑기스와 물의 비율을 맞춰 끓이고 고기를 썰어 넣으면 돼 3분 안에 조리가 끝난다. '부산아지매국밥'의 경우도 각 매장에서 구입하는 채소류를 제외하고는 모든 메뉴를 OEM 생산, 완제품 상태로 공급한다. 김치와 깍두기도 국밥과 어울리는 최적의 맛을 일정하게 낼 수 있도록 양념소스를 제공하기 때문에 매장마다 채소를 손질해 버무리거나 본사에서 제공하는 절임채소를 버무려서 내기만 하면 된다.

2) 트렌디한 국밥시대, 젊은층 공략한 메뉴로 재탄생

국밥은 혼밥문화가 트렌드로 자리 잡으면서 혼자서도 간편히 먹고 나갈 수 있는 메뉴로 선호되고 있다. 특유의 누린내, 아저씨들이나 찾을 법한 실내 분위기 때문에 여성고객은 혼자서 발걸음하기가 어려웠다. 그러나 최근 국밥 프랜차이즈는 모던한 인테리어와 함께 젊은층 입맛에 맞춘 메뉴를 도입하며 트렌디한 국밥전문점으로 재탄생하고 있다.

더진국은 특허받은 육수 조리법과 특유의 누린내를 없앤 국밥메뉴로 젊은층, 특히 입맛이 까다로운 여성고객을 공략했다. 돈사골에 특별 배합한 한약재를 넣어 육수의 잡냄새를 없애고 기름기가 적은 돼지 목전지만 건더기로 넣어 담백하고 깔끔한 맛을 냈다. 부산아지매국밥은 돈사골과 우사골을 8대 2로 섞어 우려낸 육수에 해물액기스로 잡냄새를 잡는 동시에 특유의 감칠맛을 내고 있다. 고기는 기름기가 적은 돼지 앞다리살로 깔끔한 맛을 냈다.

국밥에는 돼지국밥, 소머리국밥, 콩나물국밥, 순대국밥 등 다양한 종류가 있다. 경상도에서는 돼지국밥, 전라도는 콩나물 국밥, 서울과 경기도는 순대국밥 등이 지역별로 강세를 띤다.

최근 주목받고 있는 국밥 프랜차이즈의 특징은 호불호가 갈릴 수 있는 국밥의 지역색을 다양한 사이드메뉴로 보완했다는 점이다. 더 진국의 경우 직화불고기와 함께 내는 냉면 메뉴와 9900원에 제공되는 구구보쌈 등 지역색을 타지 않는 다양한 식사메뉴와 안주류가 눈에 띈다.

부산아지매국밥의 경우 부산 지역 음식인 밀면을 수도권 고객층 입맛에 맞춰 새롭게 내놓는가 하면 사골 떡만두국과 같은 식사류, 어묵탕, 치즈달걀말이 등 일반적인 안주류를 마련해 주류 매출까지 끌어 올리는 효과를 보고 있다. 부산아지매국밥 방이점의 경우 방이동 먹자골목에 위치해 1차 술자리를 마친 고객들이 2차로 국밥과 술 안주를 먹기 위해 방문한다.

3) 무인화, 셀프시스템 도입한 저가형 국밥시장 성장기대

전국에 국밥집 수가 1만6000개를 넘어섰다. 각 지역마다 유명 개인 브랜드 국밥집도 많이 존재한다. 기술이 없는 초보자들은 이런 국밥집들과 경쟁하기 어렵다는 점에서 프랜차이즈 창업을 선택하고 있다. 국밥 프랜차이즈는 저가로 승부하는 아이템이다. 서민음식으로 5000원 이하의 가격으로 다가가야 하는데 가성비는 당연히 좋아야 하고 그렇게 하려면 차별화 전략이 있어야 한다. 앞으로 최저임금 1

만 원시대가 오면 인건비를 절감하는 대신 가성비를 높인 저가형 국밥이 주목받을 것으로 예상된다.

소자본·소규모 창업 트렌드에 따라 중대형 매장보다는 키오스크 도입으로 무인화 시스템을 구축한 33㎡(10평) 이하의 셀프서비스 국밥집 창업이 늘어날 것으로 보인다. 점주 혼자서 운영하거나 직원 1명을 포함해서 2인이 운영하는 시스템이 국밥 프랜차이즈에서도 나타날 수 있다.

국밥이라는 아이템은 밑반찬이 김치, 깍두기 정도로 간소하기 때문에 고객들이 직접 반찬을 가져다 먹는 셀프시스템이 가능하고 직원이 한번 세팅해주면 고객들이 알아서 배식하고 먹고 퇴식하는 방식이다.

창업시장에서 국밥은 운영관리상 편의성이 높다는 점, 유행을 타지 않는다는 점 때문에 스테디셀러 아이템으로 자리 잡을 수 있었다. 특히 우리나라 사람들은 음식점에서 기다리는 것에 익숙하지 않은데 국밥은 이미 주방에서 육수를 우려낸 상태에서 고객을 맞이하고 주문 후 보통 5분 안에 서비스가 가능하다는 점이 매력으로 작용한다. 핵심 재료를 미리 조리해 놓을 수 있어 초보자들도 운영이 쉽다는 것도 장점이다. 밑반찬이 많지 않다는 점, 특히 프랜차이즈의 경우 본사에서 모든 원재료 및 소스, 브랜드에 따라서는 완제품을 납품하는 업체도 있기 때문에 운영관리의 편의성이 높다.

요즘처럼 불황일수록 가격 경쟁력을 갖춘 편의형 콘셉트가 강세일 수밖에 없는데 빠르게 먹을 수 있고 가격도 부담스럽지 않은 국밥은 가격대비 만족도를 높일 수 있다는 장점이 크다. 변화무쌍한 소비자들의 니즈를 파악하고 동시에 젊은층에도 어필할 수 있는 깔끔한 분위기 연출은 기본이다.

앞으로는 패스트푸드형 저가 국밥집에도 주목할 필요가 있다. CK나 식품 공장에서 레토르트 형태로 각 매장에 제공하면 33㎡(10평) 규모의 작은 매장에서 1인이 운영할 수도 있는 시스템이다. 인건비 비중을 줄여 품질에 투자한다면 고객만족도를 더욱 끌어 올릴 수 있다. 다만 객단가가 낮은 만큼 회전율을 높여야 하기 때문에 집객력과 접근성이 좋은 상권을 확보하는 것이 중요하며 젊은 사람들의 입맛에 맞춘 상품 개발과 자동 주문 시스템 등의 도입도 고려해야 한다.

4) 한시대의 배고픔을 달래주었던 소중한 음식

음식점 입장에서 조리해 제공하기에도, 고객 입장에서 빠르고 간편하게 먹기에도 좋은 아이템, 국밥이다. 때문에 새롭게 음식점을 오픈하거나 가맹점을 운영하려고 할 때 가장 먼저 고려하는 아이템 중 하나가 국밥이다. 하지만 탕반과 관련한 시장은 이미 순대국밥, 해장 국 등등 너무 많은 아이템들이 경쟁하고 있는 중이다. 따라서 시장 의 확대 가능성이 높은 돼지&수육국밥에 주목해야만 할 필요성이 바로 여기 있다.

2008년 5월, 서울 홍대인근에 돼지국밥 전문점 〈돈수백〉이 처음 모습을 드러냈다. 당시, 대부분의 사람들은 돼지국밥의 성공가능성에 대해 반신반의했다. 국밥에 들어가는 고기에서부터 음식의 냄새, 맛 등에 이르기까지 모든 면에 있어서 서울지역 소비자들에게는 아직 이른 것이 아니냐 혹은 깔끔한 음식을 좋아하는 최근 소비자들에게 너무 거친 느낌의 음식이라는 반응이 일부 있었기 때문이다. 하지만 〈돈수백〉은 아직도 그 자리를 굳건히 지키고 있다. 이처럼 돼지국밥 은 대중의 입맛을 맞춰나가며 끊임없이 변화, 발전하고 있는 중이다. 부산의 향토음식으로, 그리고 영화 '변호인'에서 노무현 대통령이 즐기던 음식으로 널리 알려진 돼지국밥은 6.25 전쟁을 거치면서 자 연적으로 생겨난 음식이다. 고기를 끓여내느냐, 뼈를 끓여내느냐에 따라 국물의 맑기가 다르긴 하지만 아무렇게나 썰어낸 고기와 진한 국물, 그리고 이와 곁들이는 부추와 깍두기로 한 시대의 배고픔을 달래 주었던 소중한 음식이기도 하다.

5) 냄새를 없애고 깔끔한 느낌으로 여성고객에 어필

우선, 국밥은 음식점 운영 아이템으로써 최상의 조건을 갖추고 있다. 뜨거운 국물에 밥을 말아내기만 하면 되기 때문에 음식준비와 제공 과정이 번거롭지 않고, 반찬 또한 '맛있는' 김치와 부추무침 정도만 있으면 되므로 매장 운영의 프로세스를 단순화하기에도 적합하다. 게다가 돼지고기 잔육까지 적극 활용할 수 있기에 개인이 운영하는 보쌈, 족발전문점 등에서도 얼마든지 도입 가능한 아이템이라고 할 수 있다. 물론, 지금까지 돼지국밥이 서울·경기지역에서 자리를 잡기 어려웠던 이유 중 하나는 음식 특유의 비릿한 냄새, 그리고 깔끔하지 못한 이미지 때문이었다. 이런 인식을 없애기 위해 '돈탕반' 또는 '수육국밥' 이라는 또 다른 이름으로 어필하려는 노력 또한 곳곳에 서 이어졌다.

하지만 이제 돼지국밥은 조리과정에서 된장과 간장, 생강 등을 활용해 돼지냄새를 잡아내는 것은 물론 깔끔한 오퍼레이션을 통해 젊은 여성 고객층까지 끌어들이고 있다. 오랜 시간 은근하게 끓여내는 밥처럼, 이른바 '돼지국밥의 가능성' 이 새롭게 자리매김하고 있다.

6) 간편한 오퍼레이션과 회전율 극대화, 최대 강점

'국밥은 한국의 패스트푸드'다. 한 그릇의 단품메뉴이기 때문에 조리와 제공과정도, 반찬 준비도, 오래 걸리지 않는다. 게다가 한국의 탕반은 주로 설렁탕에서 갈라져 나온 종류들인데, 돼지국밥은 특유의 진하고 구수한 맛으로 설렁탕을 대체할 만한 아이템으로써의 가능성을 보여주고 있기도 하다.

돼지국밥은 지금도 꾸준히 진화하고 있는 중이다. 간편한 오퍼레이션, 회전율을 극대화하는 메뉴로써 소자본 창업자들에게도 충분히 매력적인 아이템이다. 돼지국밥의 대표적인 프랜차이즈 브랜드 4곳 특징을 각각 살펴보는 것만으로도 지금까지의 변화 발전과정, 그리고 앞으로의 성공 가능성 또한 예견해볼 수 있다.

3. 창업시장에서 국밥 전문점의 경쟁력 분석

1) 순대와 국밥시장 3500억, 5년 새 3배 급증

순대국밥은 특별히 이색적이거나 개성이 도드라지는 아이템은 아니다. 대표적 길거리 간식으로 꼽히던 순대가 한 끼를 책임지는 주식 메뉴로 인기를 끌고 있다. 순댓국 프랜차이즈들이 빠르게 늘고, 10~20대를 겨냥한 편의점 제품도 쏟아지고 있다. 농림축산식품부에 따르면 국내 순대시장은 생산액 기준으로 2012년 1284억원에서 지낸 2017년 3500억원으로 3배 가까이 성장했다. 프랜차이즈 브랜드는 60여개, 전국에 2000여개의 가맹점이 있다. 2017년에만 14개 브랜드가 새로 생겼다.

순대는 조선시대 이전부터 먹은 전통 음식이다. 1970년대 들어서 분식점과 포장마차가 늘면서 떡볶이와 함께 길거리 음식의 대명사가 됐다. 현재 주요 순대 제조사는 진성푸드, 세진에프앤에스 등 200여 곳이다.

분식점 위주의 순대시장에 변화를 가져온 것은 프랜차이즈 전문점이다. 지난 2~3년 새 큰맘할매순대국, 본래순대, 신의주찹쌀순대 등 프랜차이즈들이 크게 늘었다. 큰맘할매순대국은 가맹점 수가 2016년 349개에서 지난 2017년 약 500개로 늘었다. 본래순대도 1년 만에 매장 수가 2배로 늘며 지난 2017년 100호점을 돌파했다.

업계에선 순대 프랜차이즈의 인기를 가성비에서 찾는다. 프랜차이즈 순댓국의 1인분 가격은 5000~7000원 사이다. 분식을 제외하곤 5000원에 든든하게 한 끼 식사를 할 수 있는 곳이 많지 않다. 가맹점주들도 진공 포장된 순대와 육수를 본사로부터 납품받아 끓이기만 하면 되기 때문에 상대적으로 창업이 쉽다.

10~20대 소비자를 겨냥한 편의점 전용 순대도 늘고 있다. 미니순대, 도시락순대, 간식용 순대바 등 간편하게 먹을 수 있는 제품이 많아졌다. 순대, 떡볶이 등을 즐겨먹는 10~20대가 편의점의 주요 소비층이기 때문에 도시락 등으로 이를 변형한 제품을 업계가 경쟁적으로 내놓고 있는 것이다. 순대 카테고리는 식품 중 잘 팔리는 순위 10위권 안에 항상 포함된다.

2) 상권수요층에 적합한 콘셉트, 여성층 공략 필수

순대국밥은 일본인과 중국인의 소울푸드가 될 수도 있다. 경북 예천의 순대국밥전문점인 〈단골식당〉엔 하루 100명 이상의 관광객이 방문한다. 예천은 드라마 '가을동화' 촬영지로 10년 넘게 관광지로 자리 잡고 있는데 그중에서도 단골식당은 일본인관광객의 필수 명소로 통한다.

한국의 전통음식인 순대국밥이 일본인 입맛에도 맞는 이유는 돼지고기 육수 때문이다. 일본은 돼지 육수(사골, 고기 육수 포함) 베이스의 라멘을 즐겨 먹는 나라기 때문에 육수 베이스가 비슷한 순대국밥 역시 그들의 입맛에 잘 맞는다. 중국 역시 소롱포나 딤섬 등에 돼지고기 육수를 사용하는 경우가 많아 중국인까지 공략할 수 있는 좋은 아이템이다.

3) 국밥전문점의 SWOT분석

순대국밥은 점심시간에는 식사고객을, 저녁에는 식사와 술을 찾는 고객을 동시에 수용할 수 있어 테이블 회전율을 높일 수 있다. 또한 육수를 우려낸 상태에서 고객을 맞기 때문에 주문 후 5분 안에 서비스가 가능하다. 또한 국밥전문점이 아니더라도 많은 한식당에서 국밥메뉴를 취급하고 있다. 따라서 일반 한식당과 차별화하지 못하면 경쟁우위를 확보할 수 없다는 한계를 가지고 있으며, 초보 창업자 입장에서 밑반찬이 많지 않다는 점과 프랜차이즈의 경우 본사에서 모든 원재료 및 소스, 브랜드에 따라서는 완제품을 납품하는 업체도 있기 때문에 운영관리의 편의성이 높다.

국밥집은 주메뉴인 국밥의 경쟁력도 중요하지만 조연메뉴라고 할 수 있는 배추김치, 깍두기의 맛도 중요하다. 김치맛의 뒷받침 없이는 성공을 장담하기 어렵다. 이들 하위 장단점을 요약해 보면 다음과 같이 정리 할 수 있다.

먼저 강점으로는 가장 대중적인 한식 먹거리. 식사와 주류를 겸할 수 있는 '안정 테마'로 창업자 입장에서는 전통 먹거리를 기반으로 트렌드에 맞는 영업 콘셉트만 접목한다면 대표적인 안정업종으로 자리매김할 수 있다. 약점으로는 원재료에 대한 손질이 번거롭다. 원재료에 대한 1차 가공을 통해서 직접 수제 순대를 만들 경우 조리과정의 번거로움을 극복할 수 있는 마니아 기질이 필요하다.

또, 기회로는 한식의 세계화 프로젝트에 기여할 수 있는 대표 아이템 중 하나. 아직까지는 향토식 콘셉트의 순대국밥집 버전이 대부분이기 때문에 젊은층과 외국인까지 공략할 수 있는 영업콘셉트를 기획한다면 성공 가능성이 높은 아이템이다. 그밖에 위험요인으로는 시장 여건상 늘 외부 환경적인 악재 내재. 순대국밥은 육류와 내장 부위가 함께 들어가는 메뉴기 때문에 일반 육류전문점처럼 구제역 파동 등의 환경적인 변수가 도사리고 있다. 내장요리에 대한 웰빙 포인트 접목 등의 언제든 위험요인이 도출될 수 있다.

4) 국밥 전문점 분포현황

현재 공정거래위원회 정보공개서에 등록된 순대국밥 FC브랜드는 50개 가까이 된다. 그렇다고 이 브랜드들이 전부 활황인 것은 아니다. 순대국밥이라는 안정적인 메뉴 아이템만 믿고 메뉴개발이나 콘셉트 리뉴얼 없이 방목하고 있는 브랜드도 많다. 독보적인 차별화 요소도 없을 뿐 아니라 브랜드 홍보에도 건성이다. 실제로 창업박람회를 둘러보면 '단기간 내 가맹점 ○○개 달성'의 타이틀로 홍보하는 경우도 많이 봤다. 망하는 지름길이다. 가맹점수가 많다고 해서 그것이 브랜딩에 효과적인 것은 절대로 아니라는 점을 파악하고 양적 팽창에만 급급한 프랜차이즈 본사를 조심해야 한다.

순대국밥 브랜드를 선정할 때 프랜차이즈시장만 볼 것이 아니라 독립업소의 경쟁력도 면밀히 따져봐야 한다. 다른 창업 아이템에 비해 독립점포의 분포도가 높은 분야 중 하나가 순대국밥이기 때문이다. 더구나 국물의 농도와 냄새 부분, 재료 퀄리티와 푸짐함 등 탕반음식으로서 갖춰야 할 요소들이 많기 때문에 어느 때보다 메뉴 완성도를 비교해보는 것이 중요하다. 순대국밥의 경쟁업체는 다른 순대국밥 브랜드가 아닌 뼈해장국, 콩나물해장국, 돼지국밥 등 비슷한 가격대의 탕반요리전문점이라는 점도 명심해야 한다. 더구나 요즘은 8000~9000원대의 가격 포지션으로 갈비탕이나 한우소머리국밥 등이 대거 출몰, 순대국밥 아이템의 경쟁 파이가 더욱 넓어졌다.

오피스상권-국도변 상권-역세권의 먹자골목 순서로 생각하면 된다. 직장인들에겐 편의성을 충족시킬 수 있는 국밥 개념의 식사류가 1차

상품이다. 저녁에는 주류 매출과도 연계할 수 있다. 단 월평균 영업 일 수가 22일이라는 한계가 있다. 금요일 저녁부터 고객유입력이 떨어진다. 전국 국도변 상권은 가시성과 접근성이 좋아 차량고객의 유입에 효과적이다. 그만큼 차량통행량이 많지 않은 국도변은 피해야한다. 역세권의 경우 기본적인 수요층이 포진하고 있는 데다 젊은층을 유입시킬 수 있는 좋은 조건이긴 하나 임대비와 권리금이 높다. 더구나 순대국밥은 객단가가 저렴한 편이기 때문에 투자금액 대비 수익성을 꼼꼼하게 분석해야 한다. 24시간 매장을 생각한다면 주변 상권의 소비특성을 파악해야 한다. 99~132m²(30~40평) 매장 기준 야간시간대 특히 밤 10시부터 아침 10시까지 30만원 이상을 판매해야 손익분기점을 넘길 수 있다.

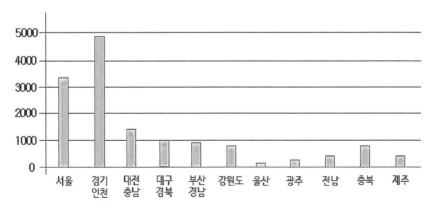

〈표1〉 국내 순대국밥전문점 분포 현황(FC가맹점 포함)

자료: 전문점 벤치마킹 성공사례분석 소상공인진흥원 「150대 업종보고서」 (2016).

IV

순대+국밥 전문점
우수브랜드 성공전략

1. 순대+국밥 전문점 리딩브랜드의 성공전략

1) 60년 전통을 자랑하는 노포 〈옥산장날순대〉

〈옥산장날순대〉는 1955년에 문을 열어 68년간 한 자리에서 2대째 이어오고 있는 숨은 노포(老舗)다.

〈신의주찹쌀순대〉 운영 본사인 ㈜거성푸드 제2브랜드인 〈신의주찹쌀순대와 쭈꾸미〉는 신의주찹쌀순대 8년 운영 노하우를 살려 순대와 순대국밥을 바탕으로 직화 쭈꾸미와 미니불족발, 순대백짬뽕 등 다양한 안주용 사이드메뉴를 추가해 기존 순대국밥전문점의 메뉴 한계성을 극복했다.

주력메뉴인 '직화쭈꾸미볶음'은 양념 주꾸미를 직화 방식으로 구워 불맛이 은은하게 돌아 술안주로 탁월하다. 주문 시 큰 대접에 각종 나물과 밥을 담아서 제공, 취향대로 '주꾸미비빔밥'을 만들어 먹을 수도 있어 점심시간 주문율이 높은 편이다.

사골육수에 차슈와 숙주, 찹쌀순대를 면과 함께 담아 나가사키짬뽕 스타일로 내는 '순대백짬뽕'과 한국식 불고기소스에 각종 채소와 순대를 볶아 달착지근한 맛을 낸 '데리야끼순대볶음', '삼겹살간장수육' 등은 전부 여성 취향을 고려한 신메뉴다. 거성푸드는 완성도 높은 신메뉴로 다양한 고객층을 확보해나가고 있다. 메인 순대에는 양구 펀치볼에서 자란 고급 시래기를 넣어 웰빙형 한식을 구현하고 모던한 인테리어와 오픈형 주방에 테이크아웃 운영을 겸비, 추가매출까지 꾀하고 있다.

주요메뉴는 순대국(6000원), 한우소머리국밥(9000원), 순대백짬뽕(7000원), 직화쭈꾸미모듬(2만5000원), 삼겹살간장수육(1만1000원), 데리야끼순대볶음(7000원), 미니불족발(6000원)이다. 소재지는 충북 청원군 옥산면 청주역로 653-7이며 전화는 043-260-4944 이다.

2) 프리미엄 순대로 고객몰이 〈신의주찹쌀순대〉

〈홍반장 신의주찹쌀순대〉는 순대 특유의 냄새와 비릿한 맛을 없앤 다양한 메뉴개발로 젊은 층뿐 아니라 가족 외식메뉴로까지 고객층을 확대하고 있다.

홍반장 순대는 '프리미엄'을 지향하는 것이 특징이다. 이를 위해 매일 자체 공장에서 직접 만드는 순대는 돼지피가 아닌 소피를 사용하고 있다. 소피를 채에 거르면 피는 빠지고 알갱이만 남는데 이 알갱이만을 사용해 소를 만들어 순대 특유의 잡내가 나지 않는다고. 또한 당면과 찹쌀뿐 아니라 돼지고기와 당근, 숙주, 양파, 대파 등 갖은 채소로 갈아 소로 넣는다. 육수도 담백한 사골육수를 사용해 젊은 층에서도 반응이 좋다.

이처럼 좋은 재료와 여러 번의 손을 거쳐 한입 크기로 썰은 순대는 한 개의 원가가 40~50원에 이를 정도로 프리미엄을 지향한다.

홍반장의 대표메뉴는 프리미엄 순대로 만든 얼큰이술국이다. 순대와 머리고기, 오소리감투, 각종 채소와 버섯 등을 넣고 매운 양념을 풀어 끓인 얼큰이술국은 이름처럼 얼큰하고 개운한 맛이 술안주로, 그리고 해장음식으로도 그만이다.

이곳의 주요메뉴는 순대국밥(5500원), 얼큰이 정식(9000원), 얼큰이 술국(小 1만원, 大0 1만5000원)이다. 소재지는 서울시 마포구 월드컵로 190이며, 전화는 02-304-6464 이다.

3) 병천 아우내 순대의 원조 〈병천황토방순대〉

순대국밥의 원조하면 빠질 수 없는 곳이 바로 충남 천안의 병천이다. 〈병천황토방순대〉를 운영하고 있는 ㈜병천아우내식품은 1992년 본점을 오픈한 후 현재 전국에 100여 개의 가맹점을 운영하고 있다. 병천아우내식품에서 생산하는 순대는 돼지내장 중 가장 가늘고 육질이 부드러운 소창을 껍질로 사용해 부드럽게 씹히는 식감을 자랑한다. 주요메뉴는 순대국밥(6000원), 매운 고추순대국밥(7000원), 순대곱창철판볶음(2~3인용 2만5000원)이며 주소는 주소 충남 천안시 동남구 수신면 발산길 158(본사 주소)이다. 전화는 041-552-8587~9 이다.

4) 50년 명품 순댓국 〈삼거리 먼지막 순대국〉

서울 대림동에 위치한 〈삼거리 먼지막 순대국〉은 옛 지명의 이름을 딴 상호로 대림동 일대에 맛집으로 정평이 난 순댓국 전문점이다.

1959년에 문을 열어 60년 세월을 이어오고 있는 이곳은 순댓국 속에 밥을 넣어 함께 끓이는 옛 방식을 그대로 고수하고 있는 것이 특징이다. 천막을 치고 장사를 하던 초창기에 보다 많은 사람들에게 한 끼라도 배불리 대접하고자 했던 창업주의 마음을 그대로 이어 현재까지 그 전통을 이어오고 있다.

이곳의 순대국은 돼지 뼈와 고기를 우려낸 국물에 내장과 머리고기, 순대 등을 넣어 일반 순댓국과 다를 바 없어 보이지만 국물을 한입 떠먹어 보면 그 깊은 맛과 내공에 놀라게 된다.

이곳 순댓국의 핵심은 매일매일 신선한 돼지고기를 사용하는 데

있다. 이를 위해 고기 업체는 두 곳을 번갈아 가면서 이용하며 조금이라도 고기가 마음에 들지 않으면 바로 돌려보내는 깐깐함으로 명품 순댓국을 지켜오고 있다. 최근에는 순댓국 특유의 냄새를 싫어하는 고객들을 위해 다양한 한약 재료를 활용, 잡내를 없애 20대부터 80대까지 폭넓은 고객층이 방문하고 있다.

삼거리 먼지막 순대국에는 곳곳에 세월의 흔적을 느낄 수 있는 다양한 소품들이 눈길을 끈다. 화폐 개혁이 있기 전부터 영업을 시작해 그 당시 판매하던 순대국밥 한 그릇의 가격부터 현재까지의 가격을 기록해 놓은 가격 기록표가 대표적이다. 조각을 전공한 점주의 작품도 곳곳에 비치해 보는 즐거움을 준다. 특히 매장에 들어서기 전 보이는 나무 조각부터 매장 중앙에 위치한 원두막과 나무 테이블 하나하나 손수 만들어 삼거리 먼지막 순대국의 역사를 더했다.

이곳 대표는 맛은 기본을 얼마나 지키느냐에 달려있다고 생각한다. 대대로 이어오는 비율과 배합도 중요하지만 무엇보다 순댓국에 핵심인 고기를 얼마나 신선한 것을 사용하느냐에 달렸다는 믿음을 갖고 있다.

〈먼지막 순대국〉의 주요메뉴는 순대국(5000원), 따로순대국(6000원), 술국(7000원)이다. 소재지는 서울시 영등포구 시흥대로185길 11이며, 전화는 02-848-2469 이다.

2. 순대+국밥 전문점 신생브랜드의 틈새전략

1) 조상의 맛 재현 〈합천할매가마솥국밥〉

국에 밥을 말아먹는 우리 조상들은 하루 종일 가마솥에 사골을 고아내고 온갖 재료를 넣어 진한 육수로 만들어 내 뚝배기에 옮겨 담았다. 맛깔나는 새우젓과 다대기로 간을 하고 즉석에서 무친 부추 겉절이를 넣고 밥을 말아먹으면 그 맛이 일품이다. 〈합천할매가마솥국밥〉은 이런 참맛을 그대로 살린 브랜드다.

〈합천할매가마솥국밥〉은 모든 음식과 제조과정에서 일체 인공조미료를 쓰지 않는다. 소스까지도 시중에 유통 중인 것이 아닌 고유의 레시피로 만들어 사용한다. 서민들의 건강을 생각하는 진정한 전통음식이다. 또, 언제나 마을을 지키는 장승처럼 연중무휴로 서민들이 언제 어느 때 오든 실망시키지 않기 위해 최선을 다한다. 국밥에서 그치지 않고 손님의 만족도를 높이기 위해 많은 메뉴를 제공한다. 연탄석쇠불고기, 연탄석쇠닭발, 수육, 해물파전, 술국 등과 여름이면 전복삼계탕, 엄나무삼계탕 등 특별 메뉴가 있다.

노인복지센터에 주기적인 봉사활동에도 열심인 〈합천할매가마솥국밥〉은 손님들에게도 정성을 다한다. 처음 이 가마솥을 걸었을 때,

프랜차이즈는 꿈도 꾸지 않았지만 시간이 흐르면 흐를수록 브랜드에 대한 자신감과 고객들의 만족도를 보며 브랜드를 더욱 성장시키고 싶어 했다. 현재 많은 사람들이 가맹점 문의를 연락하고 있지만 모든 곳에 점포를 여는 것은 현실적으로 불가능하다.

서민중심의 경영을 지향하는 점에서 서민들을 이해하고 그 곁에서 지켜본 사람이라면 믿고 올 것이라고 생각했다. 많은 자본과 용기가 필요한 일이 아니다. 그저 따뜻한 마음으로 밥 한끼 대접할 생각이 있다면 충분히 해볼만한 일이다. 본 가맹점에서는 판매하는 금액에서 수수료를 받는 일이 없다. 그저 정성을 들여 만든 육수와 재료들을 써서 밥 한끼 나누면 되는 것이다. 국밥은 계절과 유행을 타지 않는 전통음식과 적은 투자로 이웃을 배 불리고 나도 함께 배부를 수 있는 좋은 기회라고 할 수 있다.

거창한 계획과 목표가 이전에 시작했던 그 마음을 잃고 싶지 않는 것이 〈합천할매가마솥국밥〉의 생각이다. 지금도 많은 가맹점 문의가 들어오고 있는 가운데, 현재 계획 중인 창원, 마산, 진해 외에도 다른 지역에 많은 점포를 확대해 따뜻함을 함께 나누고 싶어 한다.

소재지는 경상남도 창원시 성산구 원이대로580번길 8(중앙동)이며, 전화는 055-261-552 이다. (www.hchk.co.kr)

2) 국내 1,200개 출점 글로벌 리딩기업 〈큰맘할매순대국〉

차세대 먹거리가 필요한 시대에 프랜차이즈 산업은 하나의 대안일 수 있다. 한국경제는 새로운 먹거리를 찾아 '무한도전'을 벌여야 하는 상황이다. 주요 제조 산업은 앞으로 글로벌 경쟁력을 잃어갈 가능성이 크다. 전문가들은 그 순서를 조선, 철강, 전자, 자동차로 보고 있다.

프랜차이즈 산업은 화장품 및 바이오, 신재생 에너지, 의약학 및 의용공학, 로봇 및 전기자동차 등과 함께 한국 경제의 차세대 먹거리로 삼을만한 분야이다.

물론 아직까지 〈맥도날드〉, 〈세븐일레븐〉과 어깨를 나란히 하는 한국 태생의 프랜차이즈 기업은 나오지 않았다.

하지만 잘 살펴보면, 프랜차이즈 산업의 삼성, 현대, 포스코가 될 잠재력이 있는 곳이 꽤 있다. 〈큰맘할매순대국〉은 올해가 커다란 도전의 기회가 될 수 있다고 강조한다.

대내외적인 여건이 좋지 않지만 반대로 뒤집어 긍정적으로 생각해 향후 몇 년간 가장 사업하기 좋은 시기가 될 것임을 장담한다. 물론 무절제한 사업 확장은 큰 화를 부른다. 기업의 경영철학이 있어야 한다. 하지만 사업계획은 당연히 있어야 하지만 그것만이 다가 아니다. 〈큰맘할매순대국〉의 발전계획은 국내시장과 해외시장으로 구분할 수 있다. 국내에서는 지난 2016년 후반기 대구경북지사와 대전충청지사를 세웠고, 2017년부터는 부산, 울산, 경남이 있는 동남권에 본사를 옮겨 직접 영업하고 있다.

이곳 대표는 사업을 확장하는 이유가 사회공헌에 있다고 주장한다. 가맹점이 450개가 넘고 2017년까지 전국 1,200개 점포로 성장한 〈큰맘할매순대국〉은 이제 단순한 개인 회사의 범주를 넘어섰다. 기업의 사회적 책임을 언급하는 단계에 접어든 것이다.

가맹점은 물론이고 협력업체, 나아가 고객과의 상생도 중요하게 생각하게 된 것이다. 협력 업체 미수금이 1원도 없다. 창고에 물건이 들어오면 검수가 끝나는 대로 돈을 주기 때문이다. 그래야 협력업체 직원들의 월급이 올라가고 소비도 더 할 수 있기 때문이다. 지사를 만들고 해외진출을 하는 이유도 사회에 공헌하기 위해서이다. 점포 400개에 머물러도 직원들이 먹고 사는 데는 아무 어려움이 없다.

수도권에 새 점포를 낼 곳이 별로 남지 않아 지사를 세우게 됐다. 앞으로 동남권까지 전국 1,200개 점포가 계획돼 있지만, 확장보다 현재 가맹점을 끝까지 책임지는 것이 더 중요하다. 그래서 확장계획 못지않게 신메뉴를 개발하는 등 기존 가맹점 매출 증대를 위해 노력하고 있다.

이것이 다가 아니다. 〈큰맘할매순대국〉은 세계로 진출하는 큰 그림을 그리고 있다. 국내 시장에서 세운 원칙을 큰 틀에서 지키면 어디서건 성공할 수 있다. 〈큰맘할매순대국〉의 원칙은 별다르지 않다. 가격은 낮추고 맛은 살리고 양은 푸짐하게 내놨다. 소주도 다른 가게들보다 값을 저렴하게 책정했다. 다른 업체와 달랐던 점은 특별한 비결이 있어서가 아니라 원칙을 고집스럽게 지켰다는 것이다.

〈큰맘할매순대국〉은 현재 중국 산둥성 칭다오에 점포를 운영하고 있다. 처음 만든 메뉴판의 품목이 70%가 달라질 정도로 끊임없는 연구와 새로운 시도를 하고 있다.

중국 손님들이 먹고 나갈 때 설문을 받는다. 왔다가 안 먹고 그냥 가는 손님까지 따라가서 받는다. 설문 내용을 매주 가맹 본부에서 분석하고 더 좋은 방법을 마련하려고 노력한다. 그 결과 돌솥밥이 매출 1위, 떡볶이가 2위를 기록했다. 순댓국은 음식을 시키면 무료로 준다. 지금은 국물 요리에 친숙해지는 단계이기 때문이다. 중국 사람들은 국물을 잘 먹지 않는다. 국물에서 고기를 건져서 털고 먹는 사람들이 많다. 그래서 〈큰맘할매순대국〉의 국물은 보양식이다. 고기만 우린 국물이 아니라 좋은 재료가 많이 들어갔다는 것을 알리고 있다.

〈큰맘할매순대국〉의 성공포인트는 저렴하고 푸짐한 음식과 할머니의 마음으로 아낌없이 퍼주는 마케팅, 그리고 기존 가맹점주가 새 가맹점을 오픈하는 상생경영이라고 볼 수 있다.

소재지는 서울 강동구 천호동 238-3 3층 ㈜보강엔터프라이즈이며 전화는 02-470-5322 이다.

3) 전통 수제 순대명가 〈순대실록〉

서민음식의 대표격인 순대는 본래 고급음식이었다는 것이 정설이다. 대학로의 순대명가 〈순대실록〉은 최고급 식재료에 전통 조리비법을 적용해 전통 순대맛을 21세기에 재현하고 있다. 순대실록은 지난 2002년 오픈해 16년 넘게 대학로 맛집의 명맥을 이어가고 있는 곳으로 평범한 순대국밥집에 지나지 않았던 이곳이 색다른 전통의 옷을 입기 시작한 것은 지난 2010년부터다. 이렇다 할 경쟁력 없이 평범하게 운영되던 매장은 운영진이 바뀌고 난 뒤 '시의전서에 기록된 전통 순대 전문점' 이라는 새로운 옷을 입었다.

순대실록의 콘셉트는 건강을 생각한 웰빙순대를 제공한다는 것이 실제로 순대실록의 전통 순대에는 약 20가지의 채소가 들어간 순대의 속을 응고시키는 역할을 하는 돼지피는 24시간 이내의 신선한 것만 사용해 여느 순대보다 색깔이 밝은 것이 특징이다. 또한 저온냉장고에서의 숙성과 통풍도 순대의 맛을 결정짓은 비법이다. 고객에게 낼 때도 그냥 물에 데치는 것이 아닌 육수에서 삶아내 풍미를 더한다. 365일 불이 꺼지지 않는 가마에서 14시간 이상 진하게 우린 육수도 이곳의 순대국밥을 특별하게 만드는 요인으로, 잡내를 없애는 비법과 더불어 정성을 더해 고아내는 것이 고집스러운 맛의 비법이다.

순대실록의 또 하나의 특징은 다른 곳에서는 볼 수 없는 순대를 활용한 음식들을 다양하게 제공한다는 점이다. '젊은순대'라는 독특한 메뉴명이 특징인 순대 스테이크는 오직 순대실록에서만 맛볼 수 있는 메뉴다. 철판에 노릇하게 구운 순대를 비법소스에 찍어먹으면 그 맛과 개성에 감탄하게 된다. 젊은 순대는 독특한 비주얼과 부담 없는 담백한 맛으로 이름처럼 젊은층에게 큰 호응을 얻고 있다.

순대철판볶음과 순대전골은 애주가들에게 인기다. 특히 순대철판볶음은 다양한 채소와 과일 등으로 맛을 낸 특제소스를 사용해 매콤한 감칠맛과 푸짐함으로 여성고객들에게 큰 호응을 얻고 있다.

대학로 〈순대실록〉은 전통을 바탕으로 현대적으로 재해석한 순대를 선보여 각광받고 있는 곳이다.

'〈시의전서〉에 기록된 전통 순대의 재현'을 모토로 한 이곳은 신선한 선지와 20여 가지 채소를 넣은 웰빙형 순대를 기본으로 다양한 아이디어를 담은 이색 순대 요리를 구성하고 있다. 메뉴명은 전부 순대 대신 '숱'로 표기했다. 실제로 조선시대 조리서인 〈시의전서〉에 숱대로 기록돼있기 때문이다.

선지를 선호하지 않는 이들을 고려해 선지 대신 달걀과 채소를 넣은 '백순대'부터 삶은 순대를 썰지 않고 철판에 통째로 올려 스테이크처럼 즉석에서 썰어먹는 '순대스테이크'까지 역발상을 통한 다양한 이색 순대메뉴로 까다로운 여성 고객의 취향을 저격했다. 시그니처인 순대스테이크는 만드는 방법도 플레이팅도 특이해 방송에도 여러 번 소개가 됐다.

'숱대철판볶음'은 순대실록에서 구성하고 있는 다양한 순대들과 쫄깃한 머릿고기를 매콤한 양념에 볶아먹는 것으로 여성들과 주당들의 단골 메뉴다.

순대국밥은 24시간 이상 끓인 육수를 베이스로 묵직하면서도 구수한 맛이 인상적이다. 다양한 이색 순대요리는 순대실록에서 구성하고 있는 수제 맥주와도 잘 어울린다.

이곳의 메뉴는 순대국밥(7000원 특 9000원), 순대철판볶음, 순대전골(각각 2만5000원), 모둠순대(대 2만5000원, 중1만8000원), 순대스테이크(1만4000원)이다. 현 소재지는 서울시 종로구 동숭길 127이며, 전화는 02-742-5338 이다.

4) 3일 숙성육수 깊은맛 더한 국밥 〈안동본가국밥〉

안동국밥은 안동에서 내려오는 전통 방법대로 소고기와 사골을 푹 우려낸 육수에 매콤한 양념을 넣고 끓여 낸다. 국내산 육우 사골 100%로 우려낸 사골농축액에 물을 넣어 분말 고춧가루 양념, 소고기 볼살과 우거지, 채소와 함께 끓이면 국밥의 기본 베이스가 완성된다.

얼큰하면서도 깊고 진한 국밥 맛의 비결은 3~5일간 숙성한 육수에서 나온다. 각 매장별로 주방 안쪽에 냉장 숙성고를 설치하고 180~320인분 정도의 국밥을 한번에 끓여낸 다음 식혀서 1℃ 숙성고에 넣고 3~5일정도 숙성과정을 거치면 무와 우거지 등 채소의 시원한 맛과 단맛이 국물로 빠져나와 깊은 맛을 낸다.

국밥맛을 내는 핵심 재료인 고춧가루 양념은 성남에 위치한 본사 공장에서 직접 생산한다. 이외에 기타 다른 재료는 OEM으로 공급하는데 국밥의 주재료인 사골 농축액은 OEM으로, 고기는 호주산 냉동 소고기 볼살을 본사와 생산자의 직거래로 20% 정도 저렴한 가격에 공급한다. 국밥에 들어가는 우거지는 전라도의 생산 업체와 각 매장을 직거래로 연결시켜 주는 방식이다. 무, 양파, 파 등 국밥에 들어가는 채소류는 매장에서 개별 구입을 해야 한다.

〈안동본가국밥〉은 성남에 위치한 물류창고에 모든 식재료를 집합시켜서 각 매장으로 배송하는 시스템이다. 모두 식재료 품질 관리를 위한 과정으로 OEM 생산업체를 정하는 기준에서도 해썹(HACCP) 인증을 받은 공장만을 선택해서 식재료를 공급 받는다. 식재료비 비율은 매출대비 30~33% 정도다.

〈안동본가국밥〉은 소고기로 유명한 특유의 지역색을 메뉴 구성에 담아내고자 노력했다. 소고기를 넣은 안동국밥과 장국밥 외에도 갈비탕, 불고기를 식사메뉴로 구성했고 특히 된장을 넣은 장국밥은 재래식 된장을 넣어 구수한 맛을 살렸다. 안주류 중 문어갈비찜은 큼지막한 숙문어를 통째로 올려 경상북도 전통음식의 특색이 잘 나타나도록 요리한다. 4만7000원이라는 가격이 부담스러울 수 있으나 직장인들 회식 메뉴로 인기가 높은 편이다. 주류에도 지역색이 드러나도록 전통주인 안동소주를 준비해서 안주류와 곁들일 수 있게 했다.

이곳의 운영 경쟁력은 사골 육수를 농축액 형태로 제공해서 매장에서는 육수를 끓일 필요가 없다는 것이다. 프랜차이즈 사업을 시작하기 전 직영 매장에서는 가마솥에서 24시간 동안 사골을 끓여내 육수로 사용했지만 가스비가 매달 400만원에 달할 정도로 비용적인 측면에서 효율성이 떨어졌다. 매장이 10개 이상 늘어나면서 사골 농축액을 OEM 생산하고 있다.

국밥을 완전히 끓인 다음 식혀서 숙성고에 1℃로 보관하기 때문에 3~5일 동안 밀봉을 잘 해놓는다면 위생상 문제는 없다. 창업주로부터 전해 내려온 전통 레시피와 본사인 ㈜두웰푸드 R&D팀의 1년 여간의 노력 끝에 개발한 육수제조비법이다. 하지만 육수숙성공간을 많이 차지하다 보니 본사 R&D팀에서는 육수를 숙성하지 않고도 깊은 맛을 내는 레시피를 연구중이다.

개설 조건이라면 숙성고가 들어갈 공간이 필요하기 때문에 66㎡ (20평) 이상의 규모를 추천한다. 매장이 작으면 주방 규모가 좁아지고 냉동고와 숙성고를 설치할 공간이 마땅치 않기 때문이다.

매장 계약 후 사후관리까지 본사에서 해야 할 일이라고 생각한다. 〈안동본가국밥〉은 슈퍼바이저가 매장 관리만 담당하는 것이 아니라 계약 단계부터 점주와 만나 상담을 진행하고 계약까지 체결한다. 담당 슈퍼바이저가 한 매장의 계약단계부터 관리까지 책임지니 점주 입장에서는 만족도가 높은 편이다.

수익률은 30% 정도다. 매장 규모에 따라 매출이 다르지만 시흥정왕점(165㎡, 50평)의 경우 지난 2016년 9월 오픈해 1억~1억2000만 원 정도의 월매출을 올리고 있다.

V

맵게 끓여내는 숙취해소
육개장 · 해장국

1. 뜨겁고 매운맛의 상징 육개장

1) 육개장의 유래와 역사

육개장(肉-醬)은 소고기와 각종 나물을 넣고 맵게 끓여내는 국이다. 개장국에서 유래되었으며 조선조 당시에는 들어가는 고기가 고기인 만큼, 서민들이 쉽게 먹을 수는 없던 요리다.

서울식의 경우 사골을 우려낸 육수에 대파와 쇠고기, 고춧가루, 소금만 넣어 만드는 집도 있다. 혹은 대파에 다른 채소류를 다진 양념으로 만들어 국물에 풀어서 국물이 조금 걸쭉한 경우도 있다. 파만 넣은 것을 파개장이라고 부르기도 하는데, 서울식의 경우 다른 채소보단 파 위주로 들어가는게 원래 형태라고 한다.

육개장에 계란을 넣느냐 마느냐는 오래전부터 논쟁거리가 되어왔던 떡밥 중 하나. 계란을 넣으면 육개장 국물 맛이 텁텁해져 싫어한다는 사람도 많기 때문 육개장에 계란은 보통 계란을 잘 풀어서 끓는 국에 휘휘 돌려서 넣은 뒤 따로 저어서 풀어놓지는 않는다. 이렇게 하면 국물은 여전히 맑으면서도 계란을 먹을 수 있다.

2) 옛날 전통 궁중요리의 귀환 '육개장'

음식에는 지역의 역사와 문화, 자연이 녹아들어 있다. 음식을 맛보면서 그 고장을 더 깊이 이해할 수 있는 이유다.

대구는 '육개장 전국 1번지' 다. 대구 토박이들은 "대구 대표 탕반(湯飯) 음식 따로국밥 놔두고 웬 육개장 이야기냐" 며 의아해할 수 있다. 사실 따로국밥은 대구식 육개장에서 진화한 음식이다.

육개장의 탄생지가 대구라는 근거는 여럿이다. 그중 하나는 일제강점기 발간된 잡지 '별건곤' 1929년 12월1일 자에 실린 '대구의 자랑 대구탕반' 이란 기사이다. '대구탕반은 본명이 육개장이다. 지금은 큰 발전을 하여 본토인 대구에서 서울까지 진출하였다.'

음식사학자 이성우도 '한국요리문화사' 에서 '대구식 육개장이 서울로 올라와 대구탕이 되었다. 대구탕은 서울식 육개장처럼 고기를 잘게 찢지 않고 고기 덩어리를 그대로 푹 삶아 끓인다' 고 했다. 육당 최남선은 '조선상식문답' 에서 대구탕을 대구 향토 명물로 꼽았고, 소설가 김동리는 자신이 대구에서 먹었던 대구탕 추억을 떠올렸다.

3) 개고깃국에서 나온 육개장

육개장은 '개장(狗醬)' 즉 개고깃국에서 비롯됐다. 개장은 육개장보다 역사가 더 오래됐다. 특히 경상도에서는 유달리 개장을 좋아했다. 하지만 개고기는 먹지 못하는 이들도 있다. 이들을 위해 개 대신 소고기로 개장을 끓이면 그게 바로 육개장. 물론 소 대신 닭을 사용하면 '닭개장'이 된다.

육개장은 '대구탕'이라고도 불렀다. '개를 대신한 소고깃국'이란 뜻으로 '대구탕(代狗湯)'이라 불렀단 설과, 대구에서 특히 즐겨 먹었다 해서 '대구탕(大邱湯)'이란 두 가지 설이 있다.

육개장의 도시 대구는 여름은 덥고 겨울은 추워 본능적으로 매운 맛끌려 대구서 시작한 육개장 '대구탕'으로 전국에 퍼졌다.

핵심은 고추와 기름으로 양지·사태로 육수 내고 대파 듬뿍 넣어 달큰하게 고춧가루로 기름 내 맵고 걸쭉한 국물을 만들어낸다. 그리고 대구 육개장의 변주를 위해 밥 말지 않는 따로국밥 사골육수에 선지 추가와 선지해장국엔 파·무 대신 우거지를 듬뿍 넣는 것이 별미이다.

4) 전통 대구 육개장의 세 갈래 진화

대구 육개장은 '육개장' '따로국밥' '선지해장국' 등 크게 세 갈래로 발전했다. 전통적인 대구 육개장은 소고기·대파·무가 들어간다. 양지·사태 등 소고기를 참기름에 볶다가 대파와 무, 마늘·고춧가루 양념을 넣고 끓여냈다. 선지는 들어가지 않았다. 과거 대구 양반집에서 끓이던 방식인데 지금도 토박이 가정에서는 이렇게 먹는다.

6·25전쟁이 터지고 타 지역 사람들이 유입되면서 새로운 육개장이 만들어진다. 양지·사태 등 소고기 대신 소뼈 그러니까 사골 육수에 대파와 무, 마늘·고춧가루 양념장, 선지가 들어간다. 다른 지역의 장터국밥(사골·선지)과 대구 육개장(대파·무)이 섞인 스타일로, 현재 따로국밥이라 불리는 것들이다.

예전엔 육개장을 비롯해 장국밥은 대개 국에 밥을 말아 냈다. 하지만 양반들은 이러한 장국밥을 '짐승이나 먹는 음식'이라며 멀리했고, 국과 밥을 따로 먹었다. 대구 따로국밥의 원조로 꼽히는 '국일따로국밥'도 처음에는 국에 밥을 말 스타일이었다. 식당 주인 서동술·김이순 부부가 단골 양반 손님을 위해 밥과 국을 따로 내기 시작했고, 이것이 유명해지며 따로국밥으로 자리 잡았다.

5) 육개장 명가와 우수브랜드 성공사례

(1) 육개장 명가

국일따로국밥과 함께 대구에서 가장 오래된 육개장 집으로 꼽히는 '옛집육개장'은 사태·무·대파를 기본으로 하는 전통 대구 육개장을 낸다. 양지와 사태로 초탕을 70% 끓이고 상에 낼 때 재탕한다. 놋그릇을 사용해 기품 있다. 마늘을 고명으로 올리고 후추를 뿌린다.

〈성암골가마솥국밥〉과 〈안영감〉, 〈온천골〉도 가정식 대구 육개장 계열로 분류된다. 〈참한우소갈비국밥〉은 갈비와 갈빗살로 맛을 낸다.

〈조선38육개장〉은 대구와 서울의 절충형이다. 대구식으로 고기를 뭉텅뭉텅 썰어 넣지 않고 서울식으로 찢어 넣는다. 덕산동 동아쇼핑 지하 〈장작불〉은 직접 만들어 쓰는 고추기름이 대구·서울 절충식이다. 대구식 육개장은 '비곗덩어리'라고 할 정도로 걸쭉한 고추기름이 잔뜩 떠 있지만, 이 집은 서울식으로 깔끔하다.

선지해장국은 〈진골목〉과 〈대덕식당〉이 이름났다. 진골목은 사골 육수에 대파와 토란, 선지, 양지와 사태 등이 주재료. 지역에서 가장 걸쭉한 맛을 자랑한다. 대덕식당은 대파 대신 우거지를 넣는다. 사골 육수와 선지를 사용한다. 서울 〈청진옥〉과 경기도 〈양평해장국〉과 동일 계열이다.(조선일보 2018.01.05)

대구의 대표적인 육개장 맛집은 다음과 같다.

국일따로국밥은 대구 중구 국채보상로 571, (053)253-7623, 옛집육

개장: 중구 달성공원로 6길 48-5, (053)554-4498, 성암골가마솥국밥

은 경북 경산 삼성현로 42, (053)815-0130, 안영감은 달서구 월곡로

115, (053)639-4916, 참한우소갈비국은 달서구 수밭골 71,

(053)632-4936, 조선38육개장은 남구 봉덕로 13, (053)477-3838, 진

골목: 중구 진골목길 9-1, (053)253-3757, 대덕식당은 남구 앞산순환

로 443, (053)656-8111 이다.

(2) 옛날 전통식 육개장전문점 〈육대장〉의 성공사례 분석

2013년 4월에 브랜드를 론칭한 〈육대장〉은 매장수 54개(직영3,

가맹51)를 보유하고 있다. 대표메뉴로는 옛날전통육개장(8000원), 육

개장전골(2만5000원), 한방보쌈한판(1만 원), 양지무침(1만5000원)등

이 있으며, 인테리어 콘셉트는 전통적인 한옥풍의 모던 빈티지 스타

일이다. 창업비용은 1억1900만 원(132m² 기준) 정도, 로열티는 월

30만 원(VAT 별도)이다. 전화는 1661-5135 이다. (www.yukdaejang.co.kr)

이곳의 경쟁력으로는 2~3년을 주기로 트렌드가 변하는 외식 업

종이 아닌 탕이나 국 등, 한국인의 식습관에 밀접한 메뉴로 롱런할

수 있는 한식 아이템과, 한국 음식 중 드물게 수백 년 역사를 지닌

친숙한 전통음식으로 대중성이 높다는 점, 육개장 전문점이 많지 않아 희소성이 있으며, 다른 탕류에 비해 나물과 채소가 풍부하게 들어간 웰빙 음식으로 웰빙트렌드와 부합한다는 점을 꼽을 수 있다. 〈육개장〉은 구수하고 얼큰하며 반찬이 없어도 한 그릇에 영양이 듬뿍 들어있는 지혜로운 음식으로 바쁜 현대인들이 간단하면서도 푸짐하고 건강하게 즐길 수 있는 한식이다. 하지만 대중성에 비해 육개장을 메인 아이템으로 하는 유명식당이 거의 없어 희소성이 있으며, 빠른 테이블 회전이 가능해 외식업소에서의 경쟁력이 크다. 소담골의 성공과 인기에 힘입어 육대장이라는 브랜드로 프랜차이즈 가맹사업을 시작해 현재 74개의 매장이 문을 열었다.

〈육대장〉은 외식업소 운영 경험이 없어도 창업이 가능한 것이 특징이다. 기본적으로 132㎡(40평형) 규모의 매장 오픈을 원칙으로 한다.

한편 총 170여 개의 매장 오픈이 가능할 것으로도 내다보고 있으며, 해외에도 러브콜이 들어와 해외진출도 적극적이다.

이곳 대표는 수년 전 장례식장에 연이어 가게 됐는데, 식사로 나오는 육개장이 너무 맛이 없었다.

2. 숙취해소용 음식 해장국

1) 해장국의 유래와 역사

한국의 대표적인 숙취 해소용 음식으로 이름부터가 숙취(酲/정)를 푸는(解/해) 국이다. 여기서 '해정국' 이 아니라 '해장국' 이 된 것은 단순한 소리의 변화로 장(腸)과는 관계가 없다. 물론 의사들도 술 먹고 해장국 먹으러 간다지만 콩나물 해장국이나 선지 해장국 등, 그래도 효과가 있는 것들을 먹든가. 그리고 너무 뜨거운 상태에서는 절대 먹지 말고, 좀 따뜻하다 싶은 정도로만 식혀 먹는 것이 좋다고 한다.

2) 해장국의 유형별 분류

(1) 선지 해장국

아무래도 피가 주성분이므로, 알콜을 분해하면서 소모된 여러 비타민과 조효소를 보충하는데 좋다. 선지와 함께 이런저런 내장을 같이 넣어 끓이는 곳도 있고, 우거지나 콩나물, 두부 등 식물성 재료를 같이 넣고 만들어 균형을 맞춘다.

익숙한 사람에게는 고소한 맛이지만, 피를 음식으로 먹는 것이 껄끄러운 이들에게는 거북한 음식이다.

(2) 뼈해장국

감자탕을 1인분으로 담아오는 것이니 감자탕과 사실상 같은 음식이다. 감자탕에서 감자만 빼면 된다. 돼지 등뼈를 끓여 만드는 해장국. 선지 해장국과 마찬가지로 우거지와 콩나물 등이 같이 들어있는 경우가 많다. 등뼈에 붙은 고기를 발라먹고 쪽쪽 빨아먹는 재미가 쏠쏠한 음식. 감자탕 집에서 같이 파는 경우가 많은데, 등뼈를 수입산으로 쓰는 집이 제법 많다.

(3) 북어 해장국

명태가 많이 잡히던 강원도 동부 지방을 중심으로 하는 향토 음식. 특히 북어의 숙취 해소 효과는 오랜 세월을 거쳐 입증된 탓에 전국구급 인기를 자랑한다. 네 종류 중 유일하게 3분 요리를 비롯한 레토르트 팩으로도 구입할 수 있다.

(4) 콩나물 해장국

아스파라긴산이 포함되어 있어서 해장에 도움이 된다고 알려져 있지만 사실은 대중들에게 잘못 알려진 상식으로 아스파라긴산은 숙취해소와 관계가 별로 없다. 실제로는 콩나물에 들어있는 다른 성분인 아르기닌이 숙취해소에 도움을 주는 것이다. 전라북도, 특히 전주에서 향토음식으로 유명한 해장국. 멸치로 우려낸 육수에 콩나물을 듬뿍 넣고 끓여서 밥을 말아 내온다. 충청남도와 충청북도 지역에서는 고둥의 일종인 올갱이를 넣어 끓인 올갱이국이 해장용으로 많이 소비된다. 제주도에서는 돼지고기 육수에 모자반을 넣어 끓인 몸국이 해장국으로 쓰인다. 종류를 불문하고 고춧가루가 필수 첨가요소처럼 여겨지는 듯하다.

3) 해장국 명가와 우수브랜드 성공사례

(1) 서울 미래유산으로 지정된 〈청진옥〉

〈청진옥〉은 서민들의 음식문화를 잘 보여주는 곳으로 식문화사 측면에서 보존 가치가 높은 곳으로 가치를 인정받아 2013년 서울미래유산으로 선정되었다.

2008년 재개발로 사라지기 전 1970년대 좁은 골목을 따라 열대여섯 군데의 해장국집들이 성업하면서 '청진동 해장국 골목'으로 불렸다. 1937년 개업 이래 연중무휴 24시간 영업을 해온 〈청진옥〉은

3代의 한결같은 마음과 가마솥 불씨를 지킨 정성을 모아 100년을 꿈꾸는 한국의 해장국 보배로서 그 가치를 인정받고 있다.

피맛골 시절을 고스란히 옮긴 80년 전통의 원조 해장국집 〈청진옥〉은 24시간 열려있지만 점심시간에는 직장인이 많고 오후엔 연세 드신 단골손님들이 많다. 그리고 저녁에는 주로 2차, 3차로 오고 새벽에는 늦게 귀가하거나 일찍 출근하는 고객들이 함께 있어 24시간 고객이 끊이지 않는다.

이곳의 해장국은 뚝배기 한가득 소 내장과 선지, 우거지가 푸짐하다. 무엇보다 구수한 국물 냄새가 기가 막힌다. 사골을 24시간 우려낸 된장으로 간을 하여 깊고 진한 냄새가 난다. 첫술을 들기 전부터 국물 냄새 하나로 포만감이 드는 것을 볼 때, 80년이라는 세월 동안 사랑 받는 이유가 이해가 간다.

청진동 땔감시장에서 시작된 청진옥 해장국 역사의 시작은 1937년 일제강점기로 거슬러 올라간다. 그것이 '청진옥' 의 첫 이름이다. 시장 한쪽에 천막을 쳐놓고 허기진 나무꾼들에게 국밥을 팔았던 청진옥의 1대 최동선.이간난 부부. 먹을 것이 귀한 시절이라 술국의 주재료는 소의 부산물과 손쉽게 구할 수 있는 우거지였다. 그곳이 종로구 청진동 89번지, 재개발 이전 옛 청진옥이 있던 자리다.

〈청진옥〉이 3대째 대물림하는 동안 단골들도 대물림이 되었다. 병

상에 있는 부모님이 좋아하셨다며 포장을 해가는 손님도 있다. 결국, 80년 세월은 손님들이 만들어준 역사다.

〈청진옥〉주방에는 두 개의 대형 솥이 있다. 그것이 전부다. 특별한 비법이란게 없다. 아버지로부터 가게를 물려받은 후, 이곳 대표는 하루도 거르지 않고 해장국을 먹었다. 해장국의 간은 하루에 열두 번도 더 바뀐다. 공장에서 찍어낸 맛이 아니기 때문이다. 주방장 세 명이 교대로 하는데 2~3백 여분씩 한꺼번에 간을 보기 때문에 각자의 컨디션과 입맛에 따라서 다를 수 있다.

저렴한 재료를 쓰고 음식값을 내리면 잠시 잠깐 손님이 들끓을 수는 있지만 오래갈 수는 없다. 1대가 2대에게 당부한 것은 좋은 재료를 쓰는 것이다. 생일날 가족들이 다 같이 먹는 음식이라고 생각하고 가장 좋은 재료를 쓰라고 말이다. 할아버지에서 아들로 그리고 손자로 이어진 그 당부만이 〈청진옥〉의 비법이자 가치다.

햇수로 80년을 맞은 〈청진옥〉은 100년의 꿈을 키워가고 있다. 하지만 100년으로 가기 위해서는 준비할 것들이 너무나 많다. 우선 신관을 알려 나가는 것과 형제들이 함께 분점을 운영하면서 100년 이후를 모색하는 것도 고민 중이다. 하지만 그 무엇보다 중요한 것은 80년 역사를 만들어준 고객들에게 더 좋은 재료로 보답하는 일이다. '상중이라도 국솥의 불을 끄지 말라'던 아버지의 유언은 요즘 같은 시기에 더더욱 와 닿는다. 24시간 언제든 손님들이 끓는 속을 달래고 엉킨 머릿속을 풀 수 있게 돕는 것이 '청진옥'의 의미이다.

(2) 내장고기 식감이 뛰어난 〈일품양평해장국〉

양평해장국은 50여년 전 양평 소시장에서 소의 내장과 뼈를 고아서 다양한 내장고기와 선지 그리고 고추기름을 사용해 만든 음식으로 주로 북한강 뗏목을 타고 다니는 공사 일꾼들에게 팔았으며 얼큰하고 깊은 국물 맛과 담백하고 쫄깃한 식감으로 오랜 시간 사랑받는 경기도 양평군 신내마을에서 유래되고 있는 향토음식이다.

일품푸드에서는 조리과정이 어렵고 힘든 양평해장국의 전통적인 방식으로 가마솥을 4시간 작업하고 있으며 매일 육수에 대한 5가지 이상의 테스트를 진행하여 항상 고객들에게 동일한 품질 높은 양평해장국을 대접할 수 있도록 연구하고 있다.

육질과 식감이 뛰어난 국내산 내장고기를 엄격한 품질검사를 통해 신선하고 쫄깃함을 만들고 있으며 내장고기에 최적화된 일품만의 소스는 느끼함 없이 내장고기를 즐길 수 있도록 해준다.

일품양평해장국은 내장고기, 선지, 시래기, 콩나물, 사골국물이 들어간 대표음식으로 골다공증, 빈혈, 독소 및 중금속 제거, 숙취해소에 탁월한 요리이므로 특히 여성에게 좋은 음식으로 알려져 있으며 지방이 없어 웰빙 식품으로 남녀노소에게 사랑받는 요리다.

이곳의 주요메뉴는 양평해장국, 일품 해장국, 북어콩나물해장국, 선지해장국, 내장탕, 내장고기 수육, 내장전골 이다.

〈일품양평해장국〉의 경쟁력으로는 유행을 타지 않는 아이템으로 지속적인 수익률 창출, 깊고 진한 맛, 토속적인 느낌에 현대적 해석을 가미한 혁신적인 인테리어, 빠른 회전율, 최적의 입지 선정, 슈퍼바이저의 철저한 매장관리, 신선하고 안정적인 물류공급과 간편 조리 시스템, 매뉴얼을 통한 체계적인 CS교육, 본사와 가맹점간의 활발한교류를 꼽을 수 있으며, 또한 해장국과 잘 어울리는 토속적이고 편안한 분위기와 위생적인 오픈형 주방구조, 물류시스템은 미리 가공된 신선한 재료를 신속히 공급함으로써 큰 주방이 필요 없고, 작은 평수에서도 해장국집 창업이 가능하다는 점이다.

현 소재지는 경기도 고양시 일산동구 장백로 56 크리스탈빌딩(백석동) 705호이며, 전화는 1577-0946 이다.

(3) 토속적인 전통의 맛 〈뼈큰청진동해장국〉

15년전 뚝심과 패기하나로 시작했던 〈뼈큰청진동해장국〉은 어느덧 자리를 잡고 성장한 브랜드가 되었다. 성공을 위한 식당 운영방법은 오직 하나, 정직하고 성실하게 좋은 재료를 아끼지 않고 맛을 내는 식당의 기본을 지키면 성공한다는 철학을 가지고 운영하였다.

익히 알고 있는 말이지만 지키기는 쉽지 않다. 뚝심 있게 밀고 나간 것이 오늘날 좋은 결과로 나타난 것이다.

2018년을 기준으로 대한민국의 음식점 수는 70만개가 넘는다. 여러 통계에도 나와 있듯이 식당10곳이 창업하면 8곳은 3년 안에 문을 닫고 2곳은 겨우 유지되는 수준이다. 지금도 수없이 많은 프렌차이즈가 생기고 있고 식당의 기본을 지키지 않고 화려한 기교와 포장으로 내실 없는 업체들이 고객을 유혹하고 있다. 무조건 사업을 시작하면 소위 말하는 대박이 난다는 표현으로 유혹하고 있다. 때문에 요즘은 많은 이들이 모든 걸 걸고 창업을 시작하지만 사업이 뜻대로 되지 않아 힘들어하고 있다. 이럴 때 일수록 실속 있는 본질을 보는 혜안을 가져야 한다.

현재 〈뼈큰감자탕〉은 많은 가맹점수를 자랑하고 있지는 않다. 급하게 빨리 가기보다는 하나하나 정성들여 천천히 만들어 왔다. 그래서인지 지금은 이곳 가맹점 하나하나가 모두 내실 있는 곳이 되었다. 그렇게 음식점의 기본을 지키며 뚝심 있게 성장하였고, 현재는 체계화된 체인본부와 물류시스템까지 갖추게 되었다.

고객, 점주, 본사 모두가 상생하는 길을 열어가고 싶다는 〈뼈큰청진동해장국〉은 ㈜뚝심푸드 라는 독특한 기업명으로 관심을 받고 있다. ㈜뚝심푸드는 체계화된 물류시스템으로 항상 신선한 식재료를 안전하고 정확하게 배송함을 원칙으로 하고 있다. 오랜 기간 직영점과 체인점을 운영중에 있으며 유행을 타지 않는 메뉴와 제로에 가까운 폐점율을 자랑하며 안전한 사업으로 꾸준히 성장하고 있다. 가마솥에 부글부글 끓인 뜨끈한 국밥 한 그릇을 넉넉히 나누던 서민의 정과 멋, 토속적인 전통의 맛 그대로를 고수하고 있다.

이곳의 주요메뉴는 뼈다귀해장국 7000원, 뼈큰선지해장국 7000원, 소고기국밥 7500원, 소머리곰탕 9000원, 내장탕 8500원, 전골/찜, 어린이메뉴(볶음밥, 돈까스), 냉면/만두이며, 인테리어 콘셉트는 아늑한 조명과 목재등을 이용하여 포근하면서도 고급스러운 느낌과 매장별 통일된 컨셉을 가지면서 각 점별 특징을 살릴 수 있다는 것에 중점을 두었다.

현재 〈뼈큰청진동해장국〉은 원스푸드 캠페인을 진행하고 있다. 원스푸드 캠페인이란 보건복지가족부에서 주관하는 남은 음식 재사용 안하기 운동을 의미하는데, 매장내 음식물 재사용 목격시 본사로 신고하면 포상금을 지급하고 있다.

VI

외국인들이 더 좋아하는
감자탕 · 삼계탕

1. 끓일수록 맛이 깊게 우러나오는 감자탕

1) 감자탕의 유래와 역사

돼지의 등뼈 고기 부위를 이용하여 만드는 탕. 요즘 식당에서는 등뼈보다는 육질이 좋은 목뼈를 사용한다. 목뼈는 등뼈보다 가격은 더 나가지만 맛이 더 좋고 등뼈보다 훨씬 부드럽기 때문이다. 들깨 가루나 깻잎은 없지만, 감자는 있다.

보다시피 분명 고기요리이나, 이름은 감자탕이어서 문제된다. 일부 식당은 아예 안 넣기도 한다. 그래서 그런지 나중엔 그냥 감자탕이 아닌 뼈해장국 집으로 이름을 바꾸는 식당도 많다고 한다.

2) 감자탕의 요리방법

돼지등뼈와 우거지, 시래기, 깻잎, 들깨가루, 된장, 고추가루, 감자 등을 넣어서 만든다. 몇몇 집에서는 초피, 배초향을 넣기도 한다. 다인용 요리가 으레 그렇듯 감자탕 쪽이 양에 비해 가격이 더 비싸기에 가성비는 뼈 해장국이 더 낫지만 감자탕은 감자, 당면, 깻잎 등이 기본으로 포함되어 고명이 대체적으로 더 풍성한 편이며 라면사리,

떡국사리, 수제비 등의 더 다양한 사리를 즐길 수 있고 남은 국물에 밥을 볶아먹어도 별미이다.

기본적으로 된장이 모든 맛을 책임지기 때문에 집에서 해먹기에도 의외로 간편한 요리이다. 된장이라는 조미료 자체가 워낙 맛이 진하기 때문에 요리 솜씨가 없어도 어지간하면 맛있게 만들 수 있다. 간이 약한 음식의 경우 요리 솜씨가 부족한 사람이 만들면 엉망이 되기 쉽다는 점과는 대조적인 케이스. 극단적으로 말하자면 돼지고기와 야채를 아예 안 넣고 인스턴트 사골국물에 된장 풀고 들깨가루, 고춧가루만 넣고 끓여도 어느 정도 먹을 만한 요리가 탄생한다. 다만 이럴 경우 돼지기름에서 배어나오는 감자탕 특유의 국물 맛과는 거리가 있다.

집에서 간단하게 해먹으려면 돼지 등뼈 말고 돼지고기를 아무 부위나 사서 된장 또는 시판되는 된장찌개 양념 팩을 넣고 푹 끓여준 다음 들깨가루, 고춧가루, 청양고추, 깻잎 등 추가 재료를 비율 따위 신경 안 쓰고 듬뿍 넣기만 해도 굉장히 맛있는 해장국이 완성된다. 이 경우 압력솥 등의 본격적인 요리도구도 필요 없고 재료 손질에 시간도 소요되지 않기 때문에 정말 간편하게 만들 수 있다. 등뼈를 사용하지 않아 쓰레기가 별로 나오지 않는다는 것도 큰 장점이다.

3) 서민음식, 보양식으로 거듭난 감자탕 벤치마킹

지금은 감자탕이 외식할 때 선택할 수 있는 메뉴로 각광받고 있지만 20여 년 전만 하더라도 감자탕은 주머니가 가벼운 서민들의 식사 및 술안주였다. ㈜참이맛 회장은 각 지역별, 특색별 및 각계각층의 사람들이 좋아하는 음식들에 관심을 갖고 늘 연구와 테스트를 병행해 〈참이맛감자탕〉을 개발했다. 전국 75개점에 이르는 프랜차이즈 가맹점에 이어 파주에 CK푸드원(대지 906m², 건평 344m²)을 설립하여 제조 및 유통까지 가능한 HACPP인증으로 검증된 식품공장을 가동 중이며,국내를 바탕으로 축적된 노하우로 유통사업에도 적극 진출 중이다.

이곳 대표는 손맛이 좋은 어머니 밑에서 자란 덕분에 남다른 미각과 음식에 대한 감각으로 〈참이맛감자탕〉을 최고의 외식 브랜드로 키워냈다. 그의 정성이 들어간 덕분에 장수 브랜드로 나아가고 있다.

또한 주 소비층인 중장년층 외에 젊은층을 겨냥해 트렌드에 맞는 사이드 메뉴도 끊임없이 출시하고 있다. 트렌드에 뒤처지지 않으므로 장수 브랜드가 되어온 것이다.

〈참이맛감자탕〉의 현 소재지는 경기도 고양시 행신동 996-3 6층이며 전화는 080-075-5000 이다.

2. 한국의 대표적인 보양식 삼계탕

1) 삼계탕의 유래와 역사

어린 닭의 뱃속에다 찹쌀, 대추, 밤, 황기, 인삼 등을 넣고 푹 고아서 만든 닭 요리다. 한국의 대표적인 보양식으로 유명하며, 특히 복날에 주로 먹는 여름 보양식이다.

일제 강점기 때 여러 부잣집들에서 닭백숙이나 닭국에 인삼가루를 넣어 만든 게 삼계탕의 시초였다. 그러다 1950년대에 '계삼탕'을 파는 식당이 생겨났고 6.25 전쟁 이후 1960년대에 비로소 삼계탕이라는 이름이 나오게 되었다.

오늘날 삼계탕은 닭을 삶는다는 조리법은 같지만 말린 인삼보다 주로 수삼(말리지 않은 인삼)을 넣고 이따금 곁가지 한약재를 넣는다. 또 수삼 대신 인삼 배양근을 넣기도 한다.

알을 낳기 위한 산란계는 당연히 암컷 병아리를 길러서 나오므로 수평아리는 종계(씨를 뿌리기 위한 수탉) 가 아니면 쓸모가 없다.

2) 삼계탕의 유통과 요리

이런 수평아리를 적당한 크기로 길러서 삼계탕용으로 납품하는 것이다.(닭 문서에도 있지만, 삼계탕용 뿐만 아니라 시중에서 유통되는 닭고기는 거의 수탉을 도축한 것이다.)

더본코리아 백종원이 쓴 요리책을 보면 업소에서는 향을 내려고 인삼차를 넣고 맛을 진하게 하려고 치킨 파우더를 넣는다고 한다. 심지어 인삼 대신 비슷한 맛이 나는 뿌리 약재인 황기를 넣기도 한다. 이러면 황기백숙이 되는 거지만, 그냥 삼계탕이라고도 한다.

최근에는 삼계탕 재료를 말려서 모아 팔기도 한다. 적당히 닭 손질해서 같이 넣고 푹 끓이면 되고, 필요한 재료가 모두 들어있으니 따로 넣을 재료가 없다.

3) 삼계탕 전문점 창업과 경쟁력 SWOT 분석

여름철 최고의 호황아이템은 무엇일까? 수많은 아이템이 있겠지만 단연 돋보이는 것은 삼계탕 전문점이다.

초복과 중복, 말복날이면 문전성시를 이루는 음식 삼계탕. 1년 내내 복날만 같다면 삼계탕 전문점은 대박아이템이 아닐 수 없다.

하지만 복날이 지나고 나면 현저하게 매출 곡선이 꺾이기 시작한다. 하절기를 지나고 나면 전국의 삼계탕 전문점이 한산해지기 때문이다.

우리나라에는 예로부터 여름철에 건강을 지키기 위해 보신효과 뛰어난 보신탕, 수박, 삼계탕 등을 먹는 풍습이 내려왔다. 삼계탕은 옛 동의보감에 그 효능에 대해 역사가 오래됐다.

삼계탕은 닭요리의 역사이기도 하다. 닭고기의 중화된 것은 1960년대 중반 고기만을 위한 '육계'가 대규모로 사육되기 시작하면서였다. 이때 삼계탕·닭볶음탕의 보신에서 벗어나 전기통닭구이·장작 숯불구이가 등장 한 것이다.

삼계탕은 창업시장에서 빼놓을 수 없는 아이템이다. 수십년 전통을 바탕으로 줄 서는 곳이 있는가 하면 여름 한 철 외에는 재미가 없는 삼계탕 전문점도 많다. 최근엔 삼계탕 매스티지(Masstige) 열풍이 불었다. 삼계탕, 녹용삼계탕, 한방삼계탕들이 여성을 위한 다이어트 삼계탕, 남성을 위한 보양 삼계탕 등 대상을 차별화 하는 삼계탕 메뉴도 출현했다.

하지만 매스티지 열풍이 삼계탕의 붐까지 이어지지 않은 점은 주의사항이다. 삼계탕 역시 프랜차이즈 브랜드도 간혹 생겨나고 있지만, 시장에서 큰 이슈가 되고 있는 삼계탕 브랜드는 많지 않다. 창업

시장에서 온갖 브랜드가 많이 생긴다는 것은 현존가치 기준 영업성과가 좋다는 얘기다.

반면 브랜드 수가 많지 않은 아이템은 시장에서의 가시적 성과가 크지 않다는 것을 반증한다. 이와 같이 정리할 때 삼계탕 전문점은 후자에 가까운 아이템이라고 볼 수 있다.

한때 삼계탕 전문점의 최대 리스크는 조류독감이었다. 2015년 대한민국을 강타했던 메르스 파동만큼은 아니었지만, 한때 조류독감은 닭, 오리시장을 크게 주눅 들게 했다. 조류독감이 퍼지고 있는 기간에는 관련 음식점들의 매출이 평상시의 60~90%까지 이어지기도 했다.

다행히 2010년 이후 조류독감은 더 이상 닭, 오리 창업시장의 호재로 작용하지 못하고 있다. 삼계탕 전문점의 또 다른 리스크는 비수기 극복 문제다. 삼계탕의 성수기인 여름에는 웬만한 삼계탕 전문점에도 고객들의 발길이 끊이질 않는다.

반면 복날을 제외한 비수기에는 현저하게 고객들의 발길이 뜸해지는 아이템이다. 때문에 밤 시간대 주류 고객을 유인하는 데는 늘 한계가 있다. 따라서 저녁 시간대 주류 고객을 유인할 수 있는 메뉴구성 역시 신경 써야 한다.

단, 삼계탕의 전문성을 살리면서 저녁시간대 술 마시는 풍경을 연출하는 것이 중요하다.

낮시간대와 밤시간대 매출이 동시에 담보되지 않는다면 매출증대에는 한계점으로 다가올 수 있다. 삼계탕 전문점의 경우 실면적 99.2m² (30평) 남짓의 규모로 창업하는게 일반적이다.

사무실 밀집지역이나 주택가의 경우 회사 동료들 간의 회식, 가족 외식 모임, 손님접대 등으로 찾는 고객들이 많기 때문에 소규모 창업은 그리 바람직하지 않다. 주택가나 사무실 상권에서 삼계탕 전문점을 창업하기 위해서는 점포 구입비용으로 작게는 5000~6000만원, 많게는 1억원을 예상할 수 있다.

인테리어비용으로는 평당 100~120만원이며 3000~4000만원의 자금이 소요될 수 있다. 이외에도 주방집기류 1500만원 기타비용 500만원을 합하면 총 투자금액은 작게는 1억원에서 많게는 2억원 정도가 필요하다.

(1) 삼계탕 전문점의 SWOT 분석

① 강점(Strength): 예로부터 내려오는 여름 보양식이며, 보양식 중에서도 선호도가 가장 높은 음식이다. 원기회복, 고혈압, 당뇨병 등에 좋으며 피부를 윤택하게 하는 최고의 건강요리라는 강정이 있다. 한국인은 물론외국인들에게도 선호도 높은 한국의 대표 보양식이다.

② 약점(Weakness): 삼계탕 전문점의 최대 약점은 계절변수다. 여름철에 한정된 계절메뉴라는 인식이 강하다는 점이다. 여름 성수기가 강점일 수 도 있지만, 약점으로 작용하는 측면이 크다.

③ 기회(Opportunity): 조류독감의 파동이 오래 지속됨에 따라 삼계탕 업계가 한 차례 물갈이를 겪었다. 그로 인해 많은 수가 문을 닫았다. 반면에 새로운 콘셉트의 메뉴들이 등장하고 있다. 삼계탕집의 새로운 기회요인으로 작용하기도 했다.

④ 위협(Threat): 조류독감과 광우병 파동으로 닭요리, 특히 뼈를 같이 고아먹는 육류음식인 삼계탕에 대한 불신은 더 깊어졌다. 매출 급감은 물론 당시엔 신규창업이 중단되기도 했다. 외부적 변수에 대한 위협요인은 늘 따져봐야 한다.

〈표2〉 삼계탕 전문점의 최적 상권입지

제1후보지 유입인구가 많은 먹자상권		제2후보지 사무실 밀집지역 내 외식상권		제3후보지 대단위 아파트단지, 주택밀집지역내 먹자골목	
장점	단점	장점	단점	장점	단점
지속적인 안정 수요 층을 확보 하는 데는	삼계탕은 식사 메뉴 이기 때문 에 저녁	삼계탕 전 문점의 핵 심고객층 은 아직	직장인들 의 단체회 식이나 모 임을 유치	전문화되 어있는 아 이템이므 로 가시성	아이들을 위한 메뉴 개발에 소 홀하다면

역세권 내 음식상권을 우선공략 지역으로 선정할 수 있다. 다양한 연령대의 소비자가 유입되고 가족 단위, 직장모임 등의 단체 고객도 같이 발생한다.	매출이 저조할 수 있다. 저녁 술안주로 시킬 수 있는 메뉴개발이 뒷받침 되어야 한다.	까지도 중년 남성층 고객이다. 이들이 많은 오피스 상권내 먹자 골목을 공략 하는 것도 틈새 입지 일 수 있다. 직장인 회식이나 모임장소로 유치하는 방안이 필요하다.	하기 위해서는 식사가 아닌 술한잔 메뉴구성이 급선무다. 삼계탕에 그치지 않고 토종닭 백숙, 오골계 구이 등이 메뉴 개발이 되지 못하면 위험할 수 있다.	과 접근성 좋은 주택가 상권 진입로, 대로변 대형매장을 공략하는 방법이다.	위험요인으로 작용할 수 있다.

자료: 김상훈, "외식경영" (2016,8, 125).

(2) 삼계탕 전문점 창업 체크포인트

① 삼계탕 외 저녁 메뉴구성이 관건이다. 삼계탕 전문점의 주 매력메뉴는 삼계탕이다. 삼계탕 종류만 많이 늘리는 삼계탕집도 있다. 들깨삼계탕, 전복삼계탕, 인삼삼계탕, 대통삼계탕 등 삼계탕 종류가

많다고 매출이 늘어나는 것은 아니다. 삼계탕에 어울리는 식사메뉴, 저녁시간대 술 한잔 메뉴 선택이 관건이다.

② 상권입지 특성을 감안한 콘셉트 설정이 중요하다. 아이템을 선정하고 입지를 발굴하는 과정에서 충분한 시장조사는 기본이다. 삼계탕 전문점이 없는 지역만을 선택해서 점포 결정을 하는 경우도 많다. 삼계탕 전문점이 없는 상권에는 그만한 이유도 있다.

③ 저녁 술 한 잔 메뉴에 어울리는 시설경쟁력이 뒤 따라야 한다. 식사 메뉴를 주로 하는 음식점의 경우 저녁시간대 매출이 떨어지는 이유가 여럿 있다.

3. 성공브랜드 벤치마킹 〈큰나무집〉

1) 자존심을 걸고 차리는 밥상

대구광역시 달성군 가창면에 위치한 〈큰나무집〉은 궁중약백숙을 전문으로 하는 곳이다. 1991년 28평으로 시작해서 현재 약 5000㎡ (550평) 규모로 매년 높은 성장세를 이어나가고 있다. 이곳은 낮에는 식당이지만 밤에는 가족들의 잠자리였다. 남편이 출근하고 아이들이 학교에 가면 식당으로 변하는 것이다.

이처럼 빠르게 자리를 잡은 데에는 대표의 솜씨가 한몫을 했다.

〈표2〉 큰나무집 기본 정보

	큰나무집	큰나무집 밥
개업일	1991년	2013년
주요메뉴	궁중약백숙(3만4000원, 4만3000원, 5만5000원), 매운찜닭(4만2000원)	사찰정식(1만5000원), 비슬백년밥상(2만원)
전화번호	053-793-2000	053-793-0007
주소	대구시 달성군 가창면 우록길 24	대구시 달성군 가창면 우록길 24
영업시간	10:00~22:00	11:00~21:00
좌석수	400석	140석
객단가	테이블 객단가 3만9000원	1인 1만6000원

2) 불도저처럼 밀어붙이는 과감한 결단력

이곳은 지금까지 하루도 공사를 하지 않은 날이 없다. 나날이 번창해 손님들이 늘어나자 포장을 쳐가며 장사를 해야 했던 것. 멀고 불편한 곳까지 찾아와 준 고객들에게 조금이나마 편안한 환경을 제공하고자 하는 마음으로 돈이 조금 모이면 조금씩 점포를 고치고 넓혀 나갔다. 그러다보니 3번의 대증축과 수십번의 개보수를 해 1년 365일 동안 공사 중 이라는 말이 빈말이 아니었다.

첫 번째 증축은 13년 동안 30개의 테이블로 영업을 하다가 앞 건물을 사서 허물고 별관을 낸 것이다. 당시 본관에서만 하루 평균 290마리를 팔았는데, 증축을 하면 400마리는 넘게 팔 수 있겠다는 계산이 들었다.

남편은 그 정도면 됐다고 만류했지만 불도저처럼 밀어붙이는 과감한 성격의 대표는 건물을 사서 홀을 넓히기 보다는 주방을 넓혔다. 그랬더니 기대이상으로 하루 480마리까지 팔았다.

이것이 바로 '신의 한수' 였다. 이는 회전율을 높여 대기 고객을 줄였기 때문이었다.

3) 우리 맛닭으로 원재료부터 차별화

2003~2004년 영업이 불같이 일어났다. 이때 또 한번의 결단을 내렸다. 기존에는 한협에서 나오는 왕추닭을 받아서 쓰고 있었지만, 백숙은 보신용으로 푹 삶기 때문에 육질이 보다 쫄깃한 식감을 위해 토종닭을 찾아 나섰다. 그러나 큰나무집에서 사용할 만큼 토종닭을 대량으로 생산하는 곳을 찾기가 어려웠다.

때마침 축산과학원에서 토종닭 종계에 성공, 한 농장에서 그 토종닭을 키운다는 소식을 접했다. 그런데 대부분의 업소들은 똑같은 크기지만 가격이 2000~3000원 비싼 토종닭을 소비하는 곳이 그리 많지 않아 농장이 판로에 어려움을 겪고 있었다.

토종닭을 찾고 있던 대표에게는 기회였다. 농장 대표와 협의해 전량이 고스란히 큰나무집의 차지가 된 것이다. 소비자들의 입맛은 놀랍도록 정확했다. 토종닭을 사용하기 전 연간 매출이 6억 원 정도였다면 토종닭을 사용한 이후 똑같은 장소에서 13억5000만 원에 달하는 매출을 올린 것이다.

이 때 매출이 2배로 뛰면서 〈큰나무집〉도 급성장해 외식업계에서도 전설로 통하게 됐다.

4) 음양의 조화 꾀하는 웰빙 건강식 완성

이곳의 대표메뉴는 궁중약백숙으로 중국의 궁중에서 전해지는 비법을 연구해 조리하며, 원재료부터 평범한 백숙과 차별화를 선언하고 있다. 우리맛닭은 비교적 천천히 자라므로 3개월 정도 돼야 사용할 수 있으며, 보통 1.3~1.5kg 정도의 닭을 사용하고 있다.

궁중약백숙은 잘 손질된 닭을 통째로 압력솥에 넣고 인삼, 대추, 생강을 기본으로 당귀, 천궁 등 별도의 24가지 한약재를 더해 약효가 충분히 육질 속으로 스며들게 삶아낸다. 그 후 고객이 주문을 하면 다시 한번 능이버섯, 찹쌀, 율무, 녹두, 차수수, 흑임자, 호두, 대추, 은행, 잣 등을 넣어 압력밥솥에 끓인다. 넓은 접시에 나오는 궁중약백숙은 보기에도 먹음직스러울 뿐만 아니라 야들야들하면서도 쫄깃한 육질이 여느 백숙과 비교할 수 없을 만큼 남다르다.

〈큰나무집〉은 모든 음식에 화학조미료를 전혀 사용하지 않아 먹고 나면 속이 편안하고 기분이 좋다. 특히 다시마 장아찌, 깻잎, 오이장아찌, 무장아찌, 양파장아찌, 미역장아찌, 풋고추 된장장아찌 등 다양한 종류의 장아찌는 궁중약백숙의 맛을 배가시키는 반찬류로 고객들의 사랑을 듬뿍 받고 있다.

VII

진하고 걸쭉한 퓨전음식, 부대찌개

1. 냄비 속 뜨거운 국물과 어우러진 부대찌개

1) 부대찌개의 유래와 역사

부대찌개 우리에게는 많이 친숙하고 낯설지 않은 이름의 음식이지만 일부 사람들은 이름 때문에 음식에 대해 오해하고 좋지 않은 편견을 가지고 있는 부분도 있다. 하지만 많은 사람들이 알고 있듯이 부대찌개는 한국전쟁이 진행 중이던 때에 미군부대 주변에서 나온 소세지와 그 고기로 찌개를 끓여 먹던 것이 유래가 되어 오늘날의 부대찌개가 유명하게 되었다. 지금의 부대찌개와는 많이 다르지만 이처럼 부대찌개가 퓨전음식으로 유명하게 된 데에는 우리의 가난했고 어려웠던 과거 영향도 있다.

먹을거리가 부족하고 더군다나 고기는 생각지도 못했던 시절에는 돼지고기 대신에 부대고기를 넣고 우리의 김치를 넣어 얼큰하게 끓여 먹으며 부족했던 영양을 채울 수 있었던 것이다.

최근 몇 년 사이 웰빙과 더불어 퓨전 음식 바람이 불면서 메뉴로는 드물게 한국인에게 알맞은 영양분이 많으며 특히 마늘이나 쑥갓 버섯등과 함께 먹을 경우에는 성인병에도 효험이 있는 것으로 알려지고 있다. 가족동반 외식이나 직장 동료들과의 회식자리에서도 부대고기를 곁들여 먹으면 더욱 그 맛을 풍부하게 느낄 수 있다.

서양음식인 소시지와 햄, 치즈등과 함께 세계가 인정하는 웰빙음식으로 손꼽히는 한국음식인 김치와 고춧가루 두부와 떡가래 등이 합쳐져서 두 대륙의 서로 다른 맛이 한 냄비 속에서 뜨거운 국물과 함께 어우러져 국경과 세대를 초월한 별미로 승화된다. 이렇게 뛰어난 퓨전요리는 전 세계적으로 찾아보기 힘들다. 또한 다양한 고객층을 확보하는 주택가 상권은 물론 오피스 상권, 대학가, 역세권 어느 곳에서나 가능하다는 이점도 있다. 다른 음식 업종들이 겪는 구제역이나 조류독감 발생 등의 문제가 없고 익혀 먹는 음식에 대한 안전함을 느끼고 있어 대중성이나 소비자 선호도가 높은 음식중 하나이다.

2) 부대찌개의 재료와 요리

햄, 소시지, 김치, 떡, 라면 등 온갖 재료를 넣고 한꺼번에 끓여서 내놓는 찌개. 대한민국의 퓨전 요리다. 일반적으로 6.25 전쟁 직후의 식량난 속에서 미군을 통해 들어온 햄 등을 넣어 찌개로 끓여 먹은 것이 기원으로 알려져 있다. 재료나 기원이 그렇듯이 가격대는 비교적 저렴한 편으로, 고급 음식까지는 아니다.

외국에는 Budaejjigae라는 이름 외에도 직역인 Army base stew로 꽤 알려진 편이다. 론리플래닛 한국편에서 최고의 요리로 꼽힌적도 있었다. 우스운 것은 당시 한식 홍보 담당자가 론리 플래닛 편집장에게 한국의 어려운 시절을 떠오르게 하는 요리라며 삭제요청까지했다. 미국의 유명 요리사 앤서니 버데인도 앤더슨 쿠퍼에게 술 마신 뒤 최고의 요리라고 소개한 적 있고, 해장용 음식으로 점차 유명세를 타며 한식 메뉴들 중에서 상당히 인지도가 높아지고 있다.

3) 부대찌개의 진화와 발전

부대를 벗어난 부대찌개. 한국전쟁 이후 미국산 가공 고기는 가진 자들의 식재료였다. 미군들의 커다란 체구와 힘은 고기에서 나온다는 믿음도 강했다.

부대찌개는 맛으로 먹는 음식이 아닌 생존을 위한 음식이었다. 미군부대에서 흘러나온 소시지와 햄같이 불법 유통된 물건들에서 시작되었다. 1980년대가 되면서 부대찌개의 식재료에도 변화가 온다.

부대찌개는 한국 현대사가 낳은 먹거리의 중첩이자 살아 있는 화석이 되었다.

(1) 의정부 부대찌개는 아픈 시절의 흔적

의정부로 가는 길목에 있는 몇 개의 검문소는 군사도시 의정부의 성격을 그대로 보여주는 장치다. 의정부는 국도 3호선, 국도39호선, 국도 43호선이 교차하는 서울 북부로 가는 교통의 중심지였다. 미군 부대에서 흘러나온 물자들이 넘쳐나는 도시에는 시장을 통해 물건과 돈이 돌고 사람들이 모여들었다.

의정부 제일시장은 여전히 미국의 수입 물품을 파는 가게가 빼곡하게 몰려있다. 1950년 전쟁이 발발하자 미군기지 주변에는 자연스럽게 사람들이 모여들었다. 고향을 잃은 북한 출신의 실향민들이 모여 장사를 시작한 것이 오늘날 의정부 제일시장의 시작이다. 전쟁이 끝나고 1년 뒤인 1954년 공식적으로 시장이 개설되었다. 미군부대에서 흘러나온 햄과 소시지는 사람들이 가장 좋아한 식재료였다. 2000년대 초반까지 미군부대에서 흘러나온 햄과 소시지가 시장에서 팔렸다. 당시의 흔적은 지금도 여전하다.

수입품을 파는 가게들은 의정부 제일시장의 상징이 되었다. 수입물품 가게에서는 미국산 스팸과 프랑크소시지를 쉽게 살 수 있다. 1980년대 이후 한국산 소시지와 스팸이 생산되고 있지만 밀가루 성분이 많은 탓에 의정부 부대찌개 가게에서는 국산 제품을 잘 이용하지 않는다. 밀가루 성분 때문에 부대찌개가 텁텁해지기 때문이다. 밀반

입되던 물건들이 사라지고 정식으로통관을 거치면서 가격이 오른탓에 의정부 제일사장에서 파는 부대찌개용 고기들은 주로 개인들이 사간다.

(2) 〈오뎅식당〉이라는 상호를 쓰는 이유

제일시장에서 도보로 5분을 걸으면 의정부 부대찌개 골목이 있다. 길 양옆으로 부대찌개 집이 가득한 거리를 탄생시킨 주인공은 〈오뎅식당〉이다. 부대찌개와는 거리가 먼 가게 이름은 역설적으로 부대찌개 탄생의 비밀을 간직하고 있다. 설렁탕, 곰탕이 혼자서 먹는 음식이라면 부대찌개는 김치찌개처럼 같이 먹는 음식 문화의 전형이다.

기본 2인분을 시키면 커다란 솥에 부대찌개 재료가 가득 담겨 나온다. 스팸·소시지·김치·당면·두부·민찌가 기본으로 나오고 그 위로 대파가 얹혀지고 고춧가루와 MSG가 뿌려져 있다. 다시마가 기 육수가 재료 사이로 부어진다. 부대찌개와 떼려야 뗄 수 없는 라면 사리 때문에 국물은 좀 넉넉하게 붓는다. 라면을 먹지 않는 사람들에게는 국물을 적게 준다. 테이블 밑으로 부대찌개용 라면이 가득하다. 국물이 끓고 재료가 섞인다. 밀가루가 거의 안 들어간 햄은 상당히 짜고 부드럽다. 맑은 국물은 햄의 고기와 염분을 빨아 당긴다. 소시지는 짜고 졸깃하다. 국물과 건더기와 양념이 열에 의해 결합되면서 간이 맞춰진다. 밥과 함께 먹기 좋은 간이다. 〈오뎅식당〉의 부대찌개는 부대찌개하면 연상되는 치즈나 베이크드 빈스 (강낭콩을 소스와 함께 끓인 것)가 들어가지 않는다. 김치찌개에 돼지고기 대신 햄과 소시지가 들어간 일종의 변형으로 봐도 이상할게 없다. 1960년 노점에서 어묵을 팔던 이곳 사장님에게 미군부대와 관련 있는 한국인들이 미군부대에서 나온 햄이나 소시지를 가져와 요리를 부탁했다. 처음에는 햄이나 고기 혹은 소시지를 볶아서 손님들에게 내놓았다. 손님들의 반응이 좋자 1968년 지금 자리에서 〈오뎅식당〉을 개업했다. 미군부대에서 불법으로 흘러나온 햄과 소시지를 판매하는 것을 노출시키지 않기 위해 이전에 오뎅을 팔던 경험을 살려 〈오뎅식당〉이라는 이상한 이름이 만들어졌다. 초창기에는 볶음과 찌개 두 가지를 모두 팔았다. 〈오뎅식당〉이 번창하자 1970년대부터 주변에 부대찌개를 파는 식당이 하나둘씩 생겨나고 자연스럽게 부대찌개 거리가 만들어졌다. 〈오뎅식당〉의 영향으로 의정부식 부대찌개는 치즈 없는 담백한 김치찌개 형태의 부대찌개를 판다. 현재까지 한국에서 가장 오래된 부대찌개 발상지의 레시피는 김치찌개와 가장 유사하다.

현재까지는 〈오뎅식당〉이 외식으로서의 부대찌개의 시작이라는 데는 별 이견이 없어 보인다. 하지만 부대찌개 같은 음식을 〈오뎅식당)에서 만들었는지에 대해서는 의문이 간다. 신문기사에는 부대찌개라는 단어는 직접 나오지 않지만 부대찌개와 비슷한 음식이 등장한다.

소시지와 햄은 일제강점기부터 한반도에서도 생산되고 소비된 식재료였다. 1937년 출시된 스팸은 제2차 세계대전과 한국전쟁을 거치면서 군인들의 전투식량이자 미국과 영국의 전시국민들에게 단백질 공급원 역할을 하며 확고한 위치를 차지한다. 햄은 냉동저장이 필요 없는 단백질 공급원이었다. 하지만 정작 미군이나 영국인은 진짜 고기가 아닌 스팸을 싫어했다. 스팸은 지금도 미국에서는 정크푸드나 키치 음식으로 간주된다. 1980년대 PC 통신이 본격화하면서 영국 BBC 방송의 코미디 프로에 등장한 '스팸'이라는 대사를 인용한 메일이 대량으로 발송된 사건이 발생한다. 이후 스팸은 대량으로 발송되는 불량 메일의 대명사가 되었다. 인터넷 시대의 골칫거리인 스팸 메일의 기원에서 알 수 있듯이 스팸은 부정적인 단어로 사용되었다. 스팸 (SPAM)은 돼지고기의 어깻살과 햄(Shoulder of Pork And Ham)이라는 뜻으로 단어의 첫 글자를 조합해 만든 미국의 식품회사 호멜(Hormel)의 상표다. 호멜은 돼지 다릿살로 만든 통조림용 햄을 만들어 팔았다. 부산물로 나온 어깻살을 처리하기 위해 고민하던 중 어깻살과 햄을 섞은 뒤 소금과 전분을 첨가한 스팸을 출시했다. 천대받던 스팸이지만 2008년 미국의 경제 위기 때 미국에서 스팸 판매량은 2007년보다 10%이상 늘어났다. 저렴한 가격에 먹을 수 있는 단백질의 보루이기 때문이다. 한국의 스팸 사랑은 뉴욕타임스에서 특집으로 다룰 만큼 유별나다. 한국의 스팸 소비량은 미국에 이어 2위를 차지하고 있다. 한국인이 운영하는 레스토랑으로는 최초로 미슐랭가이드 별을 받은 〈단지〉에서는 스팸을 넣은 부대찌개를 'DMZ stew'라는 메뉴로 팔기도 한다. 1970년대 전분이 가득한 소시지에 계란을 부친 도시락반찬은 부잣집의 상징이었다. 1980년대 들어서는 스팸도 같은 반열에 올랐다. 예전만 못하지만 지금도 명절이면 스팸은 단체 선물용으로 많이 팔린다. 스팸은 돼지와 물, 소금, 감자전분, 설탕, 질산염으로 만든다. 세련되지 못한 파란색 디자인에 노란 사각 뚜껑을 열면 분홍색 스팸이 나타난다. 1950년대 만화 같은 촌스러운 모습이지만 아직도 우리는 이 음식에 열광하고 있다.

(3) 진하고 걸쭉한 평택식 부대찌개

대한민국에서 가장 큰 미군기지가 있는 평택에도 부대찌개 전문점이 많다. 평택 신장동은 1951년 미군 공군기지인 오산캠프가 들어서기 전에는 10여 가구가 숯을 굽던 숯골이었다. 넓고 평탄한 땅 덕분에 오산캠프는 확장을 거듭해 현재는 200만평이 넘는 거대한 기지가 되었다. 전쟁 중 미군기지 옆은 가장 안전한 장소였고 먹을 것을 쉽게 구할 수 있었다. 사람들이 모여들면 장이 서고 식당이 들어서는 것이 순리다. 지금도 오산캠프 입구에는 잘 정비된 상점가에 사람들이 넘쳐난다. 상점가 뒤쪽 좁은 골목에는 오래된 2층 건물에 〈김네집〉이라는 부대찌개집이 있다.

1970년 평택에서 부대찌개 식당을 처음 시작한 〈최네집〉이 장사를 시작한 곳이다. 1990년대 〈최네집〉은 평택 인터체인지 근처로 자리를 옮겼다. 〈최네집〉에서 오랫동안 주방을 보던 아주머니가 이곳에 남아 가게를 맡다가 인수했다. 오산캠프 주변은 예전에 송탄으로 불렀다. 그래서 평택 부대찌개는 대개 송탄식 부대찌개로 부른다. 부대찌개를 시키면 커다란 냄비에 맑은 육수와 햄·소시지·민찌·대파·양파 그리고 송탄식 부대찌개의 상징인 커다란 슬라이스 치즈두 장이 담겨 나온다. 반찬은 겉절이 김치 한 가지다. 부대찌개가 완성되기 직전 다진 생마늘을 넣는다. 커다랗고 넓적한 그릇에 잘 지은 고슬고슬한 밥이 담겨 나오면 식사준비는 모두 끝난다.

치즈가 스며든 국물은 진하고 걸쭉하다. 햄과 소시지는 다른 지역에 비해 짜다. 초기 미군부대 햄의 특징이다. 부대찌개는 짜고 맵지만 치즈와 함께 고기맛이 강하게 난다. 밥이 없으면 이 음식을 먹기힘들다. 하지만 밥과 함께라면 제법 잘 넘어간다. 〈최네집〉의 부대찌개는 〈김네집〉에 비해 순하다. 미군부대에서 근무하던 창업주인 최씨는 미군부대 파티 때 부대고기를 이용해 찌개를 만들었다.

이 음식을 먹은 사람들의 권유로 식당을 시작했다. 부대찌개는 한국인이 좋아하는 김치찌개에 미군의 전투식량이던 다양한 돼지고기 가공육이 결합돼 만들어진 음식이다. 부대찌개에는 돼지고기 어깻살 스팸과 다릿살 소시지, 넓적다리 햄 등 여러 부위가 골고루 들어간다. 돼지의 중요 부위를 한꺼번에 먹을 수 있는 것이다. 짜고 맵고 자극적 이지만 우리는 이런 음식을 먹으며 20세기 후반을 지내왔다.

부대찌개의 기원을 '꿀꿀이죽' 으로 보는 사람들이 제법 있지만 꿀꿀이죽과 부대찌개는 다른 음식이다. 살기 위해 뭐라도 먹어야 하는 시절에 먹을 것이 풍족한 유일한 공간은 미군부대였다.

미군기지 옆에서 젊은 아가씨들은 몸을 담보로 생존을 얻었다. 미군부대의 음식물 쓰레기는 구원의 먹거리였다. 음식물 쓰레기 속에서 건진 단백질 덩어리들을 골라내 죽이나 탕으로 끓인 '꿀꿀이죽', 'UN탕', '양탕(洋湯)', '잡탕죽' 은 배고픈 고아, 실향민, 부랑아, 일용직 노동자들의 일용할 양식이었다. '물속의 동네' 로 알려지고 있는 한강 백사장 위의 동이촌동에는 전라도, 경상도 피란민들이 부근에 있는 미군부대에서 담배꽁초까지 들어 있는 꿀꿀이죽을 깡통으로 사다가 생활하고 있는데 이것을 이곳 주민은 'UN탕' 이라고 일컫고 있다.

부대찌개는 음식물 쓰레기에서 탄생한 음식이 아니다. 부대찌개를 처음 시작한 〈오뎅식당〉이나 송탄의 〈최네집〉의 경우에서 알 수 있다. 이 미군부대에서 흘러나온 소시지와 햄같이 불법 유통된 물건들에서 시작된 것이다.

(4) 동두천에는 '부대볶음' 이라는 메뉴가 있다

동두천은 의정부보다 더 북쪽에 있다. 동두천시의 43%가 미군기지가 동두천에 부대고기 문화가 등장한 것은 1970년 초반이다. 동두천에서는 부대찌개와 더불어 부대볶음을 판다. 〈실비집〉과 〈호수식당〉이 유명한데 가장 오래된 집은 〈실비집〉으로 알려져 있지만 〈호수식당〉의 역사도 35년이 훌쩍 넘었다. 부대볶음은 소시지와 햄, 양파에 다대기를 넣어 철판에 볶는다. 부대볶음은 양파 덕에 단맛이, 다대기 덕에 매운맛이 나지만 과하지 않다. 부대찌개의 원형인 부대볶음은 생각보다 맛있다.

(5) 문산식 부대찌개는 군인 덕에 번성

같은 군인의 도시이지만 문산은 동두천과 성격이 조금 다르다. 미군부대보다 한국군부대가 더 많기 때문이다. 1사단, 25사단, 30사단,

101여단 등 문산이나 파주에 있는 군인들은 문산을 거쳐 고향으로 돌아가거나 돌아온다. 백반 가격이 3000원인 시절에 부대찌개 집에서는 군인들에게 1000원을 받았다.

문산읍 선유리 삼거리에 있는 〈원조삼거리부대찌개〉는 군인들 덕에 번성한 집이다. 1971년에 창업한 것으로 알려진 가게는 1991년 창업주인 김옥순 할머니가 돌아가신 후 현재는 아들이 대를 잇고 있다. 부대찌개를 시키면 뚜껑 달린 냄비와 김치, 오이지국이 나온다.

짠맛이 최대한 억제된 오이지는 시원하다. 뚜껑을 열어보니 쑥갓이 가득하다. 쑥갓 위로 신 김치가 몇 점 올려져 있지만 쑥갓 밑의 내용물은 보이지 않는다. 찌개가 끓어오르면서 건더기들이 모습을 드러낸다. 숨이 죽은 쑥갓 옆으로 파와 미나리 같은 채소가 모습을 드러내고 얇게 썬 햄과 소시지, 곱게 갈아 뭉친 고기도 있다.

소뼈를 기본으로 한 국물은 기름을 많이 제거하지 않아 진하고 기름기가 제법 있다. 의정부나 송탄식 부대찌개와 조리법이 상당히 다르다. 프랑크소시지는 다른 지역과 비슷하지만 햄과 베이컨은 짠맛이 거의 나지 않고 밀도도 높다. 밀가루나 전분이 많이 들어간 것들이다. 매콤한 양념과 김치, 야채가 어우러져 국물은 개운하면서도 진한 김치찌개 맛이 난다.

(6) 이태원 '존슨탕', '카터찌개' 도 별미

부대찌개는 맛으로 먹는 음식이 아닌 생존을 위한 음식이었다. 하지만 1970년대 말이 되면서 변화가 시작된다. 기초적인생존을 위한 먹거리들이 거의 해결되면서 '맛있는 것'을 찾는 미식이 시작된 것이다.

의정부와 평택에서 흘러나온 미군부대고기는 주변 지역을 넘어 서울의 남대문, 동대문에까지 팔렸다. 용산 미군부대 주변 이태원에서 처음 부대찌개를 선보인 〈바다식당〉이 문을 연 것은 1970년대 말이었다. 〈바다식당〉은 부대찌개라는 이름 대신 '존슨탕', '카터찌개'라고 부른다. 창업주가 독일에서 살다 온 탓인지 햄과 소시지에 치즈를 넣은 스튜 같은 진한 국물의 존슨탕과 부드러운 칠면조 소시지를 판다. 한옥을 개조해 작은 간판을 건 〈바다식당〉은 1980~90년대 미식가들에게 큰 인기를 얻었다. 단맛과 치즈맛이 강한 국물과 칠면조 소시지는 밥과 함께 먹는 음식이 아니라 저녁 술안주로 제격이었다.

(7) 부대찌개와 볶음식 스테이크의 결합

남영동 미군부대 옆에는 스테이크 골목이 있다. 네댓 개의 스테이크 집들은 부대찌개와 더불어 철판 모둠스테이크를 판다. 이 골목에서 처음 장사를 시작한 〈은성집〉은 1979년에 창업했다. 이곳의 스테이크는 일반 스테이크와는 조금 다르다. 미군부대에서 나온 프라임급 등심에 햄·소시지·감자·양배추 등을 구워먹는 볶음식 스테이크다. 미군부대에서 흘러나온 미국산 등심은 2000년대 초반까지 유통됐다. 미국에서도 최상급에 속하는 프라임급 등심을 저렴하게 먹을 수 있던 것이 이 골목의 성공 비결이었다.

〈은성집〉의 부대찌개는 소시지와 햄, 살코기에 콩나물·김치·감자·양파·떡이 들어간다. 콩나물이 들어가기에 전반적으로 시원한 맛이 나는 개운한 부대찌개다. 남영동 스타일과 거의 비슷한 부대찌개와 스테이크 볶음문화는 인천에도 있다. 1970년대 말 〈오소래〉라는 식당에서 인천 최초의 부대찌개 문화가 시작된다. 5년 뒤에 오소래 자리에 터를 잡고 지금까지 영업하고 있는 〈양지부대고기〉가 그 뒤를 잇고 있다. 〈양지부대고기〉는 남대문시장과 인연이 깊은 실향민이 창업한 식당이다.

남대문시장에서 미군부대고기를 사와 직접 레시피를 만들었다. 양지 부대고기의 부대찌개는 사골국물에 대파·팽이버섯·콩나물이 듬뿍 들어가고 다진 마늘과 마늘 가루로 맛을 낸다. 고기는 민찌가 아닌 일반 쇠고기를 넣는다. 이채가 많이 들어간 국물은 시원한 맛이 난다. 모둠철판은 감자·양파·양송이버섯에 스팸·베이컨·소시지·

등심을 구워 먹는데 마늘과 후추로 간을 해 강한 맛이 난다. 미국의 야외에서 먹는 바비큐그릴과 내용물과 레시피가 흡사하다.

2. 부대찌개 전문점 현황

1) 부대찌개 전문점 현황과 전망

부대찌개 전문점은 이름처럼 소박하고 적당히 친숙하고 적당히 서민적이고 적당히 정감어린 음식으로 다양한 계층의 고객으로 인해 최근 몇 년 동안 급격히 증가하고 있는 추세이다. 옛날 어렵던 시대 우리에게 영양보충의 의미로 특별한 맛을 쫓기보다는 엄마가 집에서 해 주시는 음식이라는 느낌의 편안함 때문에 찾는다. 그런 추세로 인해 기존 대기업의 여러 외식업체에서 가맹점등으로 진출 시장이 더욱 커 가고 있다.

기존의 맛에서 크게 벗어나지는 않았지만 해물 부대찌개 낙지 부대찌개 등 새로운 내용의 부대찌개를 만들어내고 있고 각 업체 나름대로 맛내기 방법 개발을 통해 경쟁력을 확보하고 있다. 포장 기술도 많이 좋아져 계절에 상관없이 포장을 원하거나 배달을 원하는 고객도 확보하고 있다. 각 체인점이나 독립점 등도 온라인상의 무한한 가능성을 보고 인터넷 판매에도 치중, 더 큰 시장을 바라보고 있어, 더욱 커 가고 있는 시장인 것이다.

최근 일본과 미주지역으로 활발한 진출을 보이고 있는 김치의 여세와 함께 세계적인 음식으로 커가고 있다. 먹을거리를 소중하게 여길 줄 아는 우리 민족의 상품이 부대찌개를 탄생시켰고 맛의 표현도 만드는 사람의 솜씨에 따라 달라진다.

이러한 흐름으로 옛 맛을 고집스럽게 이어오는 집이 있는 반면 변해가는 입맛에 따라 기존 재료들을 선별하여 세련되게 새로운 맛을 추구하는 곳도 있지만, 부대찌개의 기본 골격은 크게 벗어나지 않는 세대 간 격이 없는 별미이다. 이렇게 다양한 고객층을 가지고 있고 많은 사람들에게 향수도 불러일으키는 음식이니 음식사업으로는 전망이 기대된다.

가격도 저렴하고 한 끼 식사로는 든든하고 먹는 방법도 다양하게 비벼 먹거나 라면사리로 추가하거나 볶음밥을 넣어 먹는 등 입맛에 따라 먹는 사람에 따라 할 수 있으며 한 가지 메뉴만으로 많은 반찬이 없이도 운영 가능하니 많은 인력이 필요하지 않아 인건비도 줄일 수 있어 유리하고 그동안 2~3세대를 이어져 온 것처럼 앞으로도 여전히 사랑 받는 먹을거리로 비교적 장기간 운영이 가능한 업종이다.

2) 외국인 선호도 높은 부대찌개

미국에선 '소시지 스튜'로 각광받는다는 한국의 부대찌개. 외국인 관광객의 유입률이 높은 서울 명동 내 부대찌개전문점으로 '명동 최씨아저씨 부대찌개'와 '송탄부대찌개', '심슨탕' 3곳이 강세를 띠고 있다.

최씨아저씨 부대찌개는 고급 돈육인 호멜 블랙라벨햄과 소고기, 다진고기, 만두, 감자수제비, 치즈사리 등 다양한 토핑을 구성하고 있으며 송탄부대찌개는 체다치즈가 올라가 걸쭉하면서도 녹진한 국물 맛이 특징이다. 심슨탕은 12시간 우린 사골육수 베이스에 칼국수를 말아먹는 이색 부대찌개와 간장과 버터를 넣고 비벼먹는 간장버터밥으로 유명하다.

햄과 소시지, 치즈 등은 외국인에게 친숙한 식재료인 데다 한국인의 소울 푸드에 대한 호기심이 높아지면서 최근 들어 부대찌개가 외국인들에게 인기를 얻기 시작했다. 특히 외국인들도 부대찌개와 소주의 궁합을 상당히 좋아한다.

심슨탕이나 송탄부대찌개, 족발과 부대찌개를 함께 판매하는 '명동부대찌개' 역시 불황임에도 매장을 찾는 외국인 관광객 수가 2배 이상 증가했다.

미국 출신의 방송인 알렉스는 미국에서 친구들이 놀러와 부대찌개 집을 찾았을 정도다. 그의 친구들은 평소 바게트나 샌드위치에 넣어 먹는 소시지를 국물에 넣어 끓이는 것을 보고 신기했으며 미국인들은 한국식 부대찌개를 '소시지 스튜'로 부르며 즐겨 먹는다고 하였다.

3. 부대찌개 명가와 우수브랜드 성공사례

1) 족발 주문하면 송탄식 부대찌개 무한리필 〈족발부대〉

경기도 부천시 〈족발부대〉는 사이드메뉴로서의 부대찌개 경쟁력을 잘 보여주는 사례다. 족발 주문 시 부대찌개를 즉석에서 팔팔 끓여 먹을 수 있게 버너에 올려낸다.

이곳은 군부대를 콘셉트로 무장지대를 연상케 하는 인테리어와 군복을 입고 있는 직원, 군대식 지령으로 소개해놓은 메뉴와 POP 등이 눈길을 끈다. 메인인 족발과 함께 서비스로 제공하는 부대찌개도 군부대 콘셉트의 연장선으로 햄과 소시지, 콩 물. 체다치즈를 올려내는 것이 특징. 부대찌개전문점에서 판매하는 부대찌개만큼 상품력이 뛰어나진 않지만 브랜드의 전체적인 콘셉트와 잘 맞는 데다 칼칼하면서 묵직한 국물은 족발과도 잘 어울린다. 식사보다는 술안주에 적당한 맛을 내기 위해 콩나물과 청양고추를 넣어 맵고 시원한 맛을 살렸다.

족발부대에서 제공하는 부대찌개의 원가는 1000~1200원 안팎이다. 이중 소시지와 체다치즈가 차지하는 비율이 절반 이상. 현재 무한리필로 제공하며 테이블별 추가 주문은 한 번 정도다. 테이블마다 최소 1000원, 최대 2000원대 원가가 추가로 들어가지만 주류 매출이 늘면서 동시에 '새콤달콤 바가지비빔면'이나 '해물반합라면', '날치알주먹밥'. '족발친구 쟁반국수' 등 군대식 콘셉트를 살린 4000~7000원대의 사이드메뉴 판매율도 높아져 전체 매출 상승에 효과 적이다.

무한리필 서비스 부대찌개의 테이블당 원가는 1000~1200원 선이지만 평균 한 번 이상 추가주문이 들어와 실질적인 원가는 2000원 이상이다. 그러나 무한리필 부대찌개 인기로 주류와 기타 사이드메뉴 주문율이 2배 이상 늘어 전체 매출 상승에 긍정적이다.

2) 테이블 단가 높이는 알짜 메뉴 등극 〈금이네〉

서울 공덕동 '금이네'는 철판 삼겹살을 파는 동네 맛집으로 유일한 사이드메뉴인 부대찌개가 주당들 사이에서는 시그니처메뉴로 각광 받고 있다. 가격은 1인분에 7000원. 예전에는 삼겹살 고객 따로, 부대찌개 고객 따로 방문했지만 최근에는 삼겹살과 부대찌개를 동시에 먹는 고객이 대부분이다.

2~3명 방문 시 삼겹살 3인분에 부대찌개 2인분, 소주 3병에 맥주 2병정도 주문해 평균 테이블 단가는 6만 원 선. 10개 테이블 매장에서 하루 4회전 이상으로 월 평균 6000~7000만 원 매출을 올리고 있다. 최근에는 카레 가루를 넣은 카레부대찌개로 후미진 골목에 위치한 동네 밥집인 데도 불구하고 젊은층과 신규 맛집 블로거들이 자주 방문하면서 홍보 효과를 봤다.

햄, 소시지, 만두와 두부를 푸짐하게 넣어 제공한다. 부드럽고 간이 세지 않아 생삼겹살과 부대찌개 동시 주문율이 80% 이상으로 테이블 단가가 비교적 높은 편이다.

3) 점심 판매율 50% 높여준 효자메뉴 〈화포식당〉

프리미엄 돼지고기로 가맹사업을 펼치고 있는 〈화포식당〉은 점심 식사와 후식메뉴로 생완자 부대찌개를 주력 판매하고 있다.

돼지고기 생전지로 큼지막한 완자를 만들어 햄, 소시지 등과 함께 부대찌개에 넣어 제공하는데 국물이 끓으면서 완자 살이 풀어져 쫄깃쫄깃한 식감과 묵직한 국물이 조화를 이룬 식사 겸 술안주로 호응을 얻고 있다.

생완자 부대찌개는 화포식당에서 판매하는 점심메뉴 5종(생완자 부대찌개·김치찌개·된장찌개·제육볶음·함박스테이크) 중 판매율이 절반 이상인 데다 저녁시간 고기 손님의 주문까지 더하면 전체매출의 20%정도를 차지한다.

고깃집 점심으로 김치찌개나 된장찌개를 제외하고 임팩트 있는 메뉴가 흔하지 않다. 화포식당은 프리미엄 돈육의 강점을 어필하면서 동시에 신선한 돈육 전지로 완자를 만들어 생완자 부대찌개라는 시그니처 메뉴를 만들었고, 전체 매출이 상승했다.

프리미엄 돈육전문점 〈화포식당〉에서 점심식사 및 술안주로 판매하고 있는 생완자 부대찌개, 5가지 점심메뉴 중 판매율이 절반 이상이며 전체매출의 20% 이상 차지할 정도로 독보적이다.

이곳의 현 소재지는 인천시부평구 배꽃로4이며 전화는 032-434-00
92 이다.

4) 라구소스와 생크림이 들어간 이태리식 〈스튜부대찌개〉

서울 대학로 '오감자탕'에 로제소스에 돼지등뼈와 파르팔레, 토
마토, 루꼴라 등을 넣고 끓인 밀라 노감자탕이 있다면 서울 성내동
엔 크림로제스튜부대찌개가 있다. 〈스튜부대찌개〉는 오픈한 지 4개
월밖에 되지 않은 신규 매장이지만 이탈리아식으로 푼 크림로제스튜
부대찌개와 토마토스튜부대찌개로 하루 4회전 이상 회전율을 유지하
고 있다.

크림로제스튜부대찌개는 한국식 부대찌개의 주재료와 특징을 살리
되 일반 육수 대신 토마토소스와 라구소스, 생크림을 사용한다. 토마
토소스와 라구소스, 생크림은 매장에서 직접 만드는데 라구소스의
경우 각종 채소와 소고기를 잘게 다진 후 4~5시간 동안 기름기를
뺀다.

토마토소스는 양파와 마늘, 토마토를 5시간 뭉근하게 끓여 사용한
다. 일반 시판용 소스를 사용할 때보다 맛이 좀 더 담백하고 각종
재료 본연의 식감과 맛이 살아있어 계속 먹어도 질리지 않는다.

토마토소스 특유의 감칠맛과 라구소스, 생크림의 부드러움을 살려 기존에 짜고 자극적인 부대찌개의 단점을 보완했다. 젊은층과 주부 고객을 타깃으로 한 메뉴지만 의외로 저녁시간대 중년 남성고객이 술안주로 많이 찾아 기대 이상의 매출을 올리고 있다.

부대찌개를 피자와 파스타, 돈가스 등의 사이드메뉴와 세트로 구성, 2인 기준 2만 원대에 다양한 메뉴를 한꺼번에 맛볼 수 있는 '가성비' 전략도 돋보인다. 부대찌개 하나만으로는 경쟁력이 떨어질 수 있다고 판단, 대중성 있는 메뉴를 골고루 구성해 만족도도 높이고 객단가도 올리기 위한 전략인 셈이다.

2인 기준 부대찌개와 돈가스 원가는 총 8000원 선으로 식재료 원가만 뺀 순익은 1만3000원, 여기에 인건비와 월세 등의 고정비를 제하면 순수 마진은 8000~9000원 정도기 때문에 메뉴 구성 대비 수익성이 좋은 편이다.

토마토스튜부대찌개와 크림로제스튜부대찌개에 사용하는 소스나 재료들을 피자와 파스타, 돈가스 등에 그대로 활용할 수 있기 때문에 식재료 원가를 최소화하면서도 고객 만족도를 높일 수 있는 것이다.

5) '콩불'로 단골공략 〈콩불 '3.8부대찌개'〉

'콩불'은 콩나물과 돼지고기를 매콤한 양념에 버무려 철판에 볶아먹는 콩나물불고기전문점으로 2018년 들어 10년째 가맹사업을 꾸준히 해나가고 있는 장수 브랜드다. 최근 콩불은 기존 매장에 없던 '국물요리'에 대한 단골 고객들의 니즈에 부합하고자 3.8부대찌개를 개발했다.

콩불의 부대찌개는 우선 재료가 상당히 푸짐하게 들어간다. 소시지와 스팸, 슬라이스한 돼지고기와 콩나물, 볶은김치, 떡, 마늘, 양파, 두부 등을 양념과 함께 냄비에 담아내는데 스팸과 소시지, 볶은김치와 두부 등을 볶음 요리로 즐기다가 육수를 부은 후 바글바글 끓여 찌개로도 즐길 수 있다는 점이 포인트.

3.8부대찌개는 콩나물을 산처럼 쌓아서 제공해 단골 고객들에겐 '콩나물 부대찌개'로도 불린다. 콩나물의 아삭한 식감과 볶은김치의 매콤달콤한 감칠맛, 양파에서 우러나는 단맛, 슬라이스한 돼지고기의 야들야들한 식감과 햄·소시지의 짭짤한 풍미가 한데 어우러져 맛이 다채롭다.

홍대 매장의 경우 최근에는 부대찌개를 찾는 중국인 관광객 방문율이 3배나 늘었으며 115.70m² (35평) 매장에 평일 300~400명, 주말에는 500명 이상 방문 한다. 메인메뉴인 콩나물 불고기의 경쟁력을 살리면서 동시에 기존 단골 고객이나 애주가들이 원했던 국물메뉴를 추가해 콩불의 매출 한계를 극복했다는 것이 본사 ㈜8푸드 박종현 영업본부장의 설명이다.

3.8부대찌개는 1인분에 7000원으로 원가는 2500원 안팎이다. 여기에 고기와 라면, 당면, 해물, 고구마튀김, 치즈 등 1000~2000원대의 토핑을 별도로 구성, 테이블당 평균 한두 가지의 토핑을 주문하기 때문에 객단가가 높아지면서 부대찌개 원가율은 그만큼 낮아진다.

콩불 홍대 1호점 점주는 부대찌개를 구성하면서 주류 주문이 높아 마진이 높아 마진이 좋은 데다 직원이 직접 고기를 굽거나 콩나물을 볶지 않아도 돼 효율적인 인력 운용이 가능한 효자 메뉴임을 내세운다.

부대찌개는 어떤 소시지와 햄을 쓰느냐에 따라 맛이 좌우되기 때문에 햄과 소시지 제품 선택에 신경을 써야 한다. 대부분의 부대찌개전문점에서는 수입산 소시지를 사용하는데 국내산 제품에 비해 염도와 풍미가 강해 부대찌개 국물의 감칠맛이 살기 때문이다. 자극적이고 짠맛을 걷어내고 칼칼한 맛을 내고 싶다면 소시지와 햄을 끓는 물에 5분 정도 삶은 후 찌개에 넣는다. 짠맛이 빠지면서 식감도 부드러워져 칼칼한 국물 맛을 살릴 수 있다.

또 저염소시지와 고염소시지는 단순히 짠맛으로 분류되는 것이 아니라 원육의 함량에 따라 나뉜다. 특히 돼지고기 염통 함량이 짠맛 정도를 좌우하며 맛과 식감에도 큰 차이가 있다.

6) 우유 · 토마토 넣은 저염식 〈153포인츠부대찌개〉

153포인츠 대표가 부대찌개로 사업을 시작한 건 2012년이다. 그 전까지는 감자탕 브랜드를 운영했다. 구제역을 겪으며 감자탕 인기가 한 차례 꺾이자 그는 두 번째 사업 아이템을 찾았다. 계절이나 외부 환경, 병해에 영향을 받지 않으면서 간편하게 판매할 수 있는 메뉴를 고민한 것이다. 부대찌개는 냄비에 재료만 세팅해 테이블에 내면 고객이 알아서 끓여 먹는 데다 부대찌개 하나면 찬류를 불필요하게 많이 차려낼 필요가 없어 운영이 수월하다.

부대찌개의 진짜 핵심은 푸짐하고 재료 호환성이 좋다는 점이다. 즉 부대찌개만큼 다양한 재료가 들어가는 국물요리가 별로 없다. 햄과 소시지, 당면, 콩, 김치를 비롯해 라면사리나 우동사리까지 넣고 끓여 든든하게 먹을 수 있는 대표적인 서민형 메뉴다. 또한 재료 호환성이 좋아 다양한 메뉴로 변신 가능하고 한국인의 식문화에 잘 어울리는 스테디셀러다.

〈153포인츠부대찌개(이하 153포인츠)〉는 우유와 토마토를 메인 재료로 활용, '건강식·저염식 부대찌개'를 표방하는 신규 프랜차이즈 브랜드다. 2012년 경기도 용인시에 직영점을 오픈해 4년여간 성업 중이며, 현재 테이크아웃 전문매장까지 포함해 8개의 가맹점을 운영하고 있다.

이곳의 대표메뉴인 포인츠부대찌개는 진한 사골 육수에 우유를 일정 비율로 넣어 부드럽고 담백하게 조리한 저염식 부대찌개다. 여기에 토마토와 브로콜리, 청경채 등 다양한 채소를 푸짐하게 넣어 다이어트에 민감한 여성고객은 물론 베지터리언들에게도 반응이 좋다.

이곳 대표는 새로운 사업 아이템을 찾던 중 지인이 '라면에 토마토를 넣어봤는데 라면에서 기분 좋은 단맛이 났다'는 말을 듣고 영감을 얻었다. 더구나 스튜나 리소토, 파스타 등 서양요리에 토마토를 자주 사용하는데, 짜고 매운 부대찌개 국물에도 토마토를 활용하면 적절한 단맛과 감칠맛을 끌어낼 수 있을 것이라고 판단했다. 이후 본사 메뉴 R&D팀 직원들과 수 없이 끓이고 맛보기를 반복한 결과 사골 육수와 토마토, 우유의 적정 비율을 찾아냈고 지금의 저염식 웰빙 부대찌개를 개발했다.

〈153포인츠〉는 평범한 부대찌개전문점이 아닌 스테이크와 샐러드, 커피와 음료까지 한 번에 즐길 수 있는 고급 음식점으로 포지셔닝하기 위해 서브메뉴의 수준도 끌어올렸다. 고기와 함께 신선한 채소를 골고루 맛볼 수 있도록 리코타치즈샐러드와 퀘사디아샐러드, 차돌샐러드 등 다양한 샐러드 메뉴를 비롯해 돼지고기스테이크, 떡갈비스테이크, 부대떡볶이 등의 사이드를 구성하고 카페형 인테리어를 구현했다. 이곳 부대찌개는 '저염식 웰빙 부대찌개', '뽀얀 국물의 이색 부대찌개' 등의 키워드로 입소문나면서 현재 153포인츠 직영 매장의 경우 용인의 명소로 자리매김했다. '부대찌개와 다양한 요리, 음료가 있는 대형 카페'로 어필한 부분이 주효한 셈이다.

7) 고객이 직접 잘라먹는 D.I.Y. 〈080부대찌개〉

경기도 고양시 화정동 〈080부대찌개〉는 부대찌개 주문 시 매장에서 직접 만든 80cm 길이의 기다란 소시지를 제공한다. 테이블 한쪽을 가득 채울 만큼 길고 큰 접시에 담아내는 소시지는 비주얼도 독특하지만 매장에서 직접 만든 홈메이드 수제 소시지라는 점이 돋보인다.

소시지는 고객이 자유자재로 조리해 먹을 수 있다. 대부분 직접 가위로 잘라 테이블에 설치된 버너에서 소시지 채소볶음을 만들어 먹거나 부대찌개에 추가로 넣고 끓여 먹는다. 메뉴북에는 '절반은

쏘야볶음으로 조리, 나머지는 부대찌개에 풍덩 빠뜨려 드세요' 라는 매뉴얼을 게재해 놓았다. 소시지 볶음용 파프리카와 브로콜리, 양파 등의 채소와 케첩을 프라이팬과 함께 제공하는 점도 이색적이며, 무엇보다 '대한민국에서 제일 긴 80cm 수제 소시지' 라는 수식어가 0 80부대찌개를 대표하는 콘셉트로 포지셔닝 됐다. 재미와 쇼잉(Showing) 요소가 있는 데다, 고객이 조리과정에 직접 개입하는 D.I.Y. 부대찌개 콘셉트로 화제 몰이 중이다. 같은 부대찌개라도 내는 방식이나 재료, 토핑, 콘셉트의 차별화가 필요하다는 점을 080부대찌개 사례를 통해 알 수 있다.

이곳의 현 소재지는 경기도 고양시 덕양구 화신로 260번길 58이며 전화는 031-938-3080 이다.

8) 햄과 조미료맛이 강한 〈박가부대찌개〉

〈박가부대찌개〉는 42년간 이어온 원앤원(주)에서 개발한 브랜드로, 원할머니보쌈·족발 정성을 그대로 담아 건강한 식재료가 가득 담긴 대표적 부대찌개 브랜드이다. 2008년 부대찌개가 가맹사업을 시작한 이래 2017년 현재 250여개의 가맹점을 운영하고 있다. 햄과 조미료 맛이 강한 부대찌개는 건강에 좋지 않을 것이라는 편견과는 달리, 100% 사골육수와 소고기를 그대로 우려 더욱 깊고 진한 국물 맛을 자랑하며, 저온숙성 국산돈육을 참나무에 훈연한 품격 높은 수제햄을 사용한 건강한 부대찌개 메뉴를 선보이고 있다.

원할머니가 시작되었던 1975년. 지금보다 훨씬 넉넉하고 푸근한 그 시절 보쌈 맛에 끌려 찾아온 고객들로 하루 종일 대기 줄이 끊이지 않았던 청계천의 시절은 기업의 정신적 기반이다. 처음 간판도 없는 보쌈집에서 시작, 창업 42주년을 맞다. 박가부대찌개는 원할머니보쌈·족발과 함께 원앤원㈜의 대표 브랜드이다. 100% 사골육수와 소고기를 우려 깊고 진한 국물맛이 특징으로 고객들에게 많은 사랑을 받고 있다.

이곳의 경쟁력 요소는 브랜드 선택 시 가장 중요한 부분은 브랜드를 운영하고 있는 회사의 안정성이다. 42년간 외식사업을 운영하고 있는 원할머니 정성과 노하우를 담는 것은 물론 경영주들과 상생을 위해 많은 노력을 기울이고 있다.

처음 창업을 계획하는 이라면 운영 방식에 관심을 가질 수밖에 없다. 〈박가부대찌개〉는 운영이 쉽고 간편하기 때문에 인건비가 적게 들며 수익율이 높다는 점에서 높은 경쟁력을 가진다. 성공적인 매장 운영을 위해 가장 강조하는 것이 있다면 다음과 같다.

첫 번째는 규정된 '레시피'를 준수하는 것이다. 오퍼레이션을 쉽게 할 수 있도록 본사에서는 많은 노력을 기울이고 있다. 레시피가 제대로 지켜지지 않는다면, 균일한 맛과 정성도 느낄 수 없을 것이다. 결국 고객에게 제대로 된 맛을 보장할 수 없어 시장에서 도태할 수 밖에 없다.

두 번째는 위생이다. 매장을 방문하는 고객들에게 안전하고 신선한 제품을 제공하는 것은 매장 신뢰감 형성에 매우 직접적인 영향을 미친다.

세 번째는 친절한 서비스이다. 음식의 맛과 함께 친절한 서비스로 고객과 소통할 때 성공하는 '맛집'으로 거듭날 수 있다.

브랜드와 아이템을 결정할 때 매장운영에 대해서 많이 걱정된다면 매장 운영이 간편한 아이템과 브랜드를 선정하는 것이 좋다. 또한, 다양한 상권에 입점이 가능하고 지속운영이 가능한 창업 솔루션을 선택하는 것이 매우 중요시 한다.

원앤원은 지난 41년간 원할머니보쌈족발을 성공적으로 운영한 노하우를 바탕으로 원앤원 성공창업지원센터를 운영하고 있다. 성공창업지원센터에서는 예비창업자들의 아이템 및 브랜드선택은 물론 시장조사와 상권분석, 점포입지분석 뿐만 아니라 창업시 높은 퀄리티의 인테리어와 철저한 교육, 오픈시 현장교육과 각 매장마다 슈퍼바이저의 밀착운영관리, 지속적인 신메뉴 개발까지 성공적인 창업을 위한 모든 것이 준비되어 있다.

또한 기존의 외식업을 운영하고 있는 이들은 업종변경을 통하여 기존시설을 활용한 절감된 투자금액으로 성공적인 창업을 가능하게 한다.

〈박가부대찌개〉는 원할머니보쌈족발을 41년간 운영해온 원앤원 주식회사가 운영하는 브랜드로써 성공을 위한 노하우는 물론 자체 생산, 물류시스템을 갖춘 회사로써 안정적으로 오랫동안 운영할 수 있다는 큰 장점을 가지고 있다.

또한 외식업계의 대표적인 스테디셀러로써 지속운영 가능하며, 타사와는 차별화된 건강한 국산돈육 수제 햄과 100% 진한사골육수를 활용하여 높은 맛과 품질을 갖추고 있다. 부대찌개의 빠른 회전율과 경영주의 수익을 최우선으로 고려한 체계적인 원가관리는 물론 고객들의 수요가 높은 부대찌개와 철판메뉴의 복합메뉴구성과 아이들의 입맛까지 고려한 돈까스 등의 어린이 메뉴까지 고객의 방문주기를 좁혀 매장효율성을 극대화하였다.

그리고 고객들의 입과 눈을 즐겁게 하는 트렌디함은 물론 따뜻함과 세련됨이 공존하는 인테리어로 고객들에게 맛있는 식사와 함께 편안한 외식공간을 제공한다.

부대찌개의 가장 큰 장점은 대중성과 간편성 두 가지를 꼽을 수 있다. 남녀노소 누구나 좋아하는 부대찌개는 식사를 위한 고객은 물론 술안주 활용, 점심식사와 저녁식사까지 매출증대를 위한 조건이 갖추어져 있다. 또한 유행을 크게 타지 않는 아이템일 뿐만 아니라 대부분의 원재료 등이 가공식품형태로서 원재료수급이 원활하다는 큰 장점이 있다.

두 번째로 부대찌개는 대부분 냄비에 담아서 고객에게 제공, 고객의 식탁에서 직접 조리되기 때문에 오퍼레이션이 간단하고 누구나 쉽게 조리할 수 있다는 점, 그렇기 때문에 창업경험이 없거나 외식업이 처음인 이들도 쉽게 운영할 수 있고, 주방에 전문적인 조리인력이 필요 없기 때문에 직원 수급 및 안정적인 수익 확보에 큰 장점이 있다.

이곳의 주소는 충남 천안시 서북구 번영로725이다. (http://parkga.co.kr/)

9) 성공으로 다가선 〈놀부부대찌개〉

㈜놀부는 제1브랜드인 〈놀부보쌈〉을 지난 1987년에 출시해 성공시킨 이래 1992년도에는 세컨드 브랜드인 〈놀부부대찌개&철판구이〉를 론칭시켜 24년이 넘는 세월 동안 부대찌개 시장을 압도하고 있

다. 〈놀부부대찌개〉는 넉넉한 육수, 신선한 야채와 두부, 마카로니, 소시지, 햄 등을 푸짐하고 얼큰하게 먹을 수 있는 ㈜놀부의 대표 브랜드다.

〈놀부부대찌개〉는 다양한 소비자의 입맛을 사로잡기 위해 놀부부대찌개, 옛맛 부대찌개, 쇠고기 부대찌개 외에도 트렌드에 부응하기 위한 화끈 부대찌개, 토마토 부대찌개, 부대볶이, 크림파스타 부대볶이 등의 신메뉴도 꾸준히 출시했다. 특히 치즈닭갈비 철판, 낙지 철판, 주꾸미 철판 등 철판 메뉴도 선보임에 따라 남녀노소 누구나 즐길 수 있는 외식 브랜드로 거듭나고 있다.

지난 2015년에 〈놀부부대찌개〉는 레트로 모던 콘셉트로의 인테리어로 리뉴얼 작업을 마치고 보다 더 젊고 세련된 이미지로 고객들에게 다가가고 있다. 〈놀부부대찌개〉는 업계 1위의 명성답게 전국 500여개의 가맹점을 보유하고 있어 다른 브랜드들이 따라올 수 없는 압도적인 저력을 보유하고 있다. 한식 세계화를 주도하는 가장 한국적인 브랜드로 업계 유일 5년 연속 브랜드스톡 10위권에 빛나는 국민 브랜드로 선정됐고, 화구(불)가 필요 없는 위생적이고 편리한 주방 시스템으로 프랜차이즈 업계를 선도하고 있다.

〈놀부부대찌개〉가 승승장구할 수 있었던 비결은 무엇보다도 ㈜놀부의 체계적인 프랜차이즈 시스템 덕분이다. 충북 음성에 센트럴키친(중앙공급식 주방형 공장)을 운영하고 있어 고객이 안심하고 먹을 수 있는 최고 품질의 각종 소스와 사리, 육수 등 총 55종의 식자재를 생산하고 있다. ㈜놀부는 균일한 맛과 품질을 유지하기 위해 많은 노력을 기울이고 있다.

덕분에 각 점포에서는 전산으로 발주하면 음성공장에서는 필요량을 당일 생산하여 고객에게 콜드 체인 시스템(Cold Chain System)으로 배송되어 신선한 제품을 공급하고 있다.

이처럼 물류와 유통체인을 체계적으로 갖춘 ㈜놀부는 아시아 최고의 외식 프랜차이즈를 지향하는 기업답게 급변하는 소비자의 입맛과 업계 트렌드에 빠르게 대응하고 있다.

1987년 〈놀부보쌈〉, 1992년 〈놀부부대찌개&철판구이〉 론칭 이후 〈놀부유황오리진흙구이〉, 〈놀부화덕족발〉 등을 선보였으며, 2015년에는 국물떡볶이와 수제튀김으로 유명했던 〈공수간〉을 양도양수하고 기존 〈레드머그커피〉로 리뉴얼했다. 그리고 최근 대가 이연복 셰프의 중화풍 치킨 시리즈 출시로 주목을 끌고 있는 복고풍 가마솥 치킨 전문점 〈놀부옛날통닭〉을 론칭시켜 뜨거운 반응을 얻고 있다. 종합외식기업 ㈜놀부는 2018년 들어 전체 외식 브랜드의 안정화에 심혈을 기울이고 있다.

〈놀부부대찌개〉는 국내 부대찌개 단일 브랜드 중 독보적인 인지도를 가진 브랜드로 제2의 놀부부대찌개를 꿈꾸는 유사 브랜드들이 꾸준히 생겨나고 있다. 사리 혹은 공기밥 무한리필, 피자 등 서브(Sub) 메뉴 무료 제공 등 다양한 전략으로 〈놀부부대찌개〉의 명성에 도전하는 추세다.

그러나 고객들의 입맛은 익숙하고 친근한 〈놀부부대찌개〉로 평준화 되어 있다고 봐도 과언이 아닐 것이며, 타 부대찌개 브랜드와 비교 시 평가 기준이 될 것이라 예상된다. 특히, 프랜차이즈 부대찌개 브랜드로는 앞으로도 타의 추종을 불허하는 지속적인 변화와 노력을 기울이고 있다.

〈놀부부대찌개〉는 프랜차이즈 운영 경험이 전무해도 누구든지 창업할 수 있는 브랜드다. 우선 점포개발에 있어서는 놀부창업전략연구소를 통해 점포개발 및 평가를 진행하여 투자비와 점주 성향에 맞는 최적의 점포를 찾아주고 승인해주는 프로세스를 보유하고 있다.

화구(불) 없는 주방 시스템을 적용하여 운영이 쉽고 본사의 매뉴얼대로 식재료를 정량대로 예쁘게 세팅하고, 놀부만의 노하우가 담긴 육수를 부어 테이블로 내놓으면 된다. 주문부터 실제 시식까지 긴 시간이 걸리지 않는 점이 장점이다.

특별한 노하우가 없어도 한결같은 맛을 유지할 수 있고, 서비스 품질 향상 측면은 담당 직원의 카운슬링과 본사의 정기적인 교육을 통해 충분히 극복할 수 있어 향후에도 제1브랜드를 넘어서는 세컨드 브랜드로서의 입지를 다져나가고 있다.

한식 프랜차이즈의 대표주자격인 ㈜놀부는 제1브랜드인 〈놀부보쌈〉을 1987년에 론칭시켜 성공시켰고, 1992년에는 제2브랜드인 〈놀부부대찌개&철판구이〉를 론칭시켜 26년이 넘는 세월동안 부대찌개 업계에서 선두 자리를 지키고 있다.

또한 〈공수간〉, 〈놀부옛날통닭〉, 〈놀부유황오리 진흙구이〉 등의 브랜드도 고객들의 사랑을 받고 있다. ㈜놀부는 갈수록 치열해지는 외식시장에서 특허를 통한 경쟁력 확보에도 심혈을 기울여 주목 받고 있다.

현재 ㈜놀부의 제1브랜드 〈놀부보쌈〉과 〈놀부부대찌개&철판구이〉의 전국 매장 수를 비교하면 〈놀부부대찌개&철판구이〉의 매장이 더 많다. 회사 측은 두 브랜드가 긍정적인 시너지 효과를 주고받고 있어 향후 전망도 무척 밝다고 자신한다.

중앙공급식 주방형 공장인 '놀부' 센트럴 키친(CK)에서는 각 브랜드별 식자재를 개발 및 생산, 가공해 신선한 상태로 공급하고 있다. 이러한 집중력이 단호박영양밥의 제조방법, 황통진흙구이유황오리의 가공방법, 놀부약선 김치의 제조방법 등에 관한 특허를 등록하게끔 하는데 공을 세웠다.

이곳의 현 소재지는 성남시 중원구 도촌로 8번길 30이며, 전화는 1899-4893 이다.

10) 유행을 타지 않는 서민 인기메뉴 〈쉐프의 부대찌개〉

가족 외식을 할 때 가장 고민되는 것은 메뉴와 가격, 가족 단위로 외식을 하게 되면 각 구성원들이 모두 좋아하는 메뉴를 골라야 하는 데다가 배불리 먹지 않아도 예산을 훌쩍 넘는다. 〈쉐프의 부대찌개〉는 이런 가족들의 고민을 덜 수 있는 최고의 장소다.

실제 인원보다 1인분 덜 시킬 수 있도록 만든 넉넉한 메뉴, 공기밥과 라면사리, 음료수까지 무제한인 시스템을 갖고 있기 때문이다.

요즘 외식 트렌드는 저렴한 가격과 서민적인 음식이다. 편하게 먹기에 이보다 더 좋은 것은 없겠지만, 두 가지 조건을 모두 갖춘 메뉴를 찾기는 쉽지 않다. 가족들이 와서 2~3만원 정도에 배불리 먹을 수 있는게 무엇이 있을까. 이곳 대표는 저렴한 가격에 레스토랑 분위기가 나는 그런 곳을 고민하다가 〈쉐프의 부대찌개〉를 론칭하게 됐다. 다행히 고객들의 생각이 잘 어우러져서 기대 이상의 성과를 거두고 있다.

〈쉐프의 부대찌개〉의 대표는 사실 10년 이상 프랜차이즈 브랜드를 운영한 점주다. 같은 브랜드를 10년 동안 운영할 정도로 저력을 가진 것은 물론, 오랜 경험을 바탕으로 참신한 아이디어를 낼 수 있었던 것이다.

〈쉐프의 부대찌개〉 매장을 들어오면 부대찌개를 파는 곳 답지 않게 고급스러운 느낌이다. 이렇게 해야 가족들이 와서 식사를 하기에 불편하지 않다고 생각한 것이다. 게다가 작년에 셰프 열풍이 불면서 이름도 한 몫을 했다. 셰프가 만든 것처럼 정성과 맛이 있는 메뉴라는 뜻이었는데, 이름과 메뉴가 모두 좋은 반응을 얻을 수 있었던 것이다.

〈쉐프의 부대찌개〉의 가장 큰 장점은 바로 넉넉함이다. 공기밥이 무한 리필이라는 것은 종종 볼 수 있지만, 라면사리와 음료수까지 무한 리필이 되는 곳은 찾기 어렵기 때문이다. 점원에게 말하기 불편한 고객을 위해 셀프로 이용할 수 있도록 하면서 마음껏 먹을 수 있도록 한 배려도 돋보였다.

또한 매장을 찾은 인원수보다 1인분 적게 주문하라는 센스 있는 마케팅도 적중했다. 매장들이 곳곳에서 오픈하고 고객의 사랑을 받으며 우삼겹, 두루치기, 케이준 샐러드, 김치 부대찌개 등 새로운 메뉴도 출시됐다. 그때마다 고객들의 사랑을 더욱 많이 받을 수 있었다.

무한 리필 메뉴가 많다 보니 이렇게 하면 뭐가 남겠느냐고 걱정하는 손님들이 많다. 같은 메뉴의 다른 브랜드에 비해 가격도 저렴한데다 양도 많기 때문이다. 아이러니하게도 가장 중점을 두고 있는 것은 바로 수익률이다.

많이 남아야 점주들도 살아남을 수 있기 때문이다. 이를 위해 수익률도 최소화하면서 가능한 한 점주들의 마진율을 높일 수 있도록 했다. 그래서인지 점주들의 소개로 매장을 오픈하고 있다. 이는 〈쉐프의 부대찌개〉의 진심을 점주들이 가장 잘 알고 있다는 증표다.

점주들의 소개로 새로운 가맹점이 오픈하기 때문에 서로 친분이 두텁다는 것도 〈쉐프의 부대찌개〉의 특징이다. 점주들은 지인과 지인의 관계이기 때문에 매우 끈끈하다. 형, 동생, 친구같이 지내며 가족같은 분위기가 됐다.

친구처럼 자주 만나서 밥도 먹고 술도 한잔 하다 보니 더 바쁘게 지내고 있지만 매우 만족스럽다. 이런 친밀도 덕분에 본사와 가맹점 사이도 더 탄탄해질 수 있었다.

대표를 비롯해 본사 직원들이 젊다는 것도 특징 중 하나다. 직원들은 20대 중반부터 30대 후반까지로, 제일 나이 많은 직원이 40세 정도이다. 덕분에 업무를 할 때도 열정이 가득하고 추진력이 빨라 어떤 일을 해도 일사천리로 진행된다.

일을 할 때는 한 가지 원칙만 지키면 된다. 정직하고 바르게 해야 한다는 것이다. 이를 위해 늘 노력하면서 일하다 보니 좋은 결과가 찾아온 것이다.

현재 〈쉐프의 부대찌개〉는 100호점을 넘어 진군중이다. 욕심을 부리지 않기 때문에 지금까지 올 수 있었다고 말하는 〈쉐프의 부대찌개〉는 늘 초심을 지키면서 다른 브랜드의 단점을 타산지석으로 삼는, 점주를 생각하는 브랜드고 만들어 나가고 있다.

〈쉐프의 부대찌개〉의 성공 포인트는 본사 마진의 최소화로 점주의 높은 마진율과 타 브랜드에 비해 월등히 낮은 창업비용 및 강한 추진력과 열정을 가진 젊은 본사로 요약할 수 있다.

이곳의 현 소재지는 경기도 광주시 경안동 153-12번지 301호이며 전화는 031-1899-5937 이다.

11) 청신호 켠 불황극복 아이템 〈킹콩부대찌개〉

서울 관악구 신림동 작은 매장에서 시작한 사업이 동종업계 2위를 노리고 있다. 기존 부대찌개 브랜드의 맛과 가격에서 차별성을 강조한 〈킹콩부대찌개〉다.

〈킹콩부대찌개〉 브랜드 앞에는 매번 '무한리필' 이란 문구가 붙는다. 지나가던 행인은 자연스럽게 시선을 멈추게 된다. 최상의 재료와 진한 사골육수로 맛을 냈다는 〈킹콩부대찌개〉의 콘셉트이다. '밥'과 '라면사리' 를 무한정 제공하기에 식사시간마다 매장 앞에는 줄이 선다. 이 때문에 푸짐함에 있어 따라올 브랜드가 없다.

이쯤 되면 가격이 부담스럽지 않을까 하는 우려가 든다. 하지만, 오히려 저렴하다. 다른 부대찌개 브랜드와 가격 경쟁력면에서 앞설 수 있는 이유다. ㈜에스엘에프앤비는 본사 이윤을 줄임으로써 주력 메뉴 가격에는 차이가 없다고 말한다.

무한 리필 서비스를 생각하면 오히려 저렴하다. 이것이 예비 창업자와 기존 가맹점에 인기 있는 비결이다.

〈킹콩부대찌개〉의 주력 메뉴는 점차 그 수를 늘려가는 중이다. 최근 출시한 나가사키 부대찌개는 물론 킹콩 돈가스, 베이컨 야채구이, 파절이 삼겹살 등 아이디어가 끝이 없다. '밥장사만으로 창업시장에서 살아남을 수 없다' 는 본사의 방침에 따라 메뉴의 구성을 넓혀나가고 있는 것이다. 이 때문인지 〈킹콩부대찌개〉의 주요 단골은 남녀노소를 가리지 않는다.

게다가 부대찌개, 수제돈가스 등 직장인이 주로 찾는 점심 메뉴를 갖춰 불황에도 꾸준히 매출확보가 가능하다.

〈킹콩부대찌개〉의 또 다른 차별성은 오픈 전 진행하는 철저한 교육 프로그램이다. 직영점에서 본사 직원들이 그간 쌓은 노하우를 전수한다. 이 때 매점 초기 매출은 걱정 없다.

20년간 외식업계에서 쌓은 창립 멤버의 연간 정기 교육을 비롯해 10일간의 집중교육으로 비결을 가르친다. 상권이 좋은 지역에만 개점을 권하기에 가맹점주의 실패 확률은 낮을 수밖에 없다.

20여 개 매장 가운데 부진한 곳은 단 한 곳도 없다. 그만큼 신중히 창업을 시도한다. 또한 입지와 주변 상권을 까다롭게 본다. 창업 실패의 아픔을 누구보다 잘 알기에 고심에 고심을 거듭하고 가맹계약을 체결한다.

이 같은 이유인지 권장 규모 99㎡(30평)의 작은 매장이라도 하루 매출이 110~150만원을 넘어간다.

본사가 브랜드 관리에 얼마만큼 신중했는지 알 수 있는 대목이다. 〈킹콩부대찌개〉의 목표는 30개에 달하는 가맹점 유지이며, 내실을 다져가며 사업 확장에 나선다는 신중한 행보를 보이고 있다.

앞으로의 계획은 브랜드 인지도 상승이다. 동종 부대찌개 업체와 비교할 때 맛과 품질 면에서 뒤질 게 없어 홍보에 주력할 계획이다. 이미 실시 중인 블로그 마케팅을 비롯해 인기 TV프로그램 제작 투자에 이르기까지 브랜드를 알리는 데 힘을 쏟고 있다. 이를 통해 일일 매장의 매출 증가에 도움을 주고 있다.

여타 부대찌개 브랜드보다 한국인의 입맛에 맞도록 레시피와 메뉴를 개발했다. 재료 역시 뛰어난 맛을 내려고 선별해 공급한다. 결국, 동종업계와의 차이는 브랜드 인지도 외에는 없다.

낮에는 식사로 밥, 밤에는 술에 집중하는 운영시스템으로 매출 활성화를 꾀하고 있다. 또한 인테리어 역시 신세대 감각에 맞도록 꾸몄다.

부대찌개라는 스테디셀러 메뉴로 7년간 꾸준히 성장해온 프랜차이즈, ㈜에스엘에프앤비의 〈킹콩부대찌개〉는 '배부름의 즐거움'을 모토로 킹콩이라는 이름 속에 담긴 푸짐하고 넉넉한 경영철학은 본사에서 가맹점, 고객들로 전파되며 프랜차이즈를 유지하는 탄탄한 신뢰의 밑바탕이 되고 있다.

외식업계의 스테디셀러로 꾸준히 사랑 받아온 부대찌개는 온 가족의 외식메뉴, 어른들의 술안주, 회사원들에겐 점심메뉴로 각광 받아왔다. 유행을 타지 않고 광고나 홍보 없이 꾸준히 성장세를 유지한 이유다.

이곳 대표는 이런 점에서 부대찌개를 창업 메뉴로 선택했고 특별한 맛을 내기 위해 오랜시간 연구개발에 노력했다.

경기도 송탄, 의정부, 이태원 등 전국 방방곡곡 소문난 부대찌개 집을 찾아가 맛을 분석하고 수많은 실험과 실패를 반복한 끝에 한국인이 좋아하는 칼칼한 맛을 찾아냈다. 이렇게 탄생한 사골베이스의 깔끔한 육수와 칼칼한 맛을 내는 부대찌개 소스, 본사에서 공급하는 김치가 이곳 국물 맛의 비결이 됐다.

부대찌개에 들어가는 4가지 햄과 김치도 〈킹콩부대찌개〉만의 맛을 내기 위해 본사에서 제품 개발에 참여해 OEM 방식으로 생산하고 있다. 일정한 부대찌개 맛을 유지하도록 지점마다 산도계를 비치해 김치의 적정pH(4.0~4.5)를 관리할 정도다. 각 가맹점에서는 당일 구입한 신선한 채소와 매일 갈아낸 마늘을 사용해 깨끗하고 깔끔한 맛을 유지하고 있다.

〈킹콩부대찌개〉하면 가장 먼저 떠오르는 것이 '밥, 라면사리 무한리필'이다. 경기가 어려워지면서 부대찌개 하나로 배부르게 먹을 수 있다는 점이 큰 인기를 끌었고 특히 젊은층이 많은 대학가에서 인기가 높다. 하지만 가맹점주 입장에서 혹시나 손해가 나지 않을까 걱정하는 마음도 드는 게 사실이다.

고객 2명이 오는 경우 밥 2공기에 라면사리 1개, 밥을 안 먹으면 라면사리 2~3개 정도를 먹고 가는 것이 일반적이며 가맹점에서 걱정할 정도로 밥과 라면사리를 많이 먹는 고객들은 극히 드물다.

실제로 부산 경성대점은 지갑이 얇은 대학생 고객들이 많지만 높은 매출을 꾸준히 유지하고 있다. 다양한 사리메뉴와 햄버그스테이크, 돈가스 등 어린이 메뉴를 구성해 부가 수익도 높이고 있다. 돈가스 사리와 탕수육 사리는 바삭한 식감에 그냥 먹어도 맛있지만 부대찌개에 넣어 먹으면 깔끔하고 칼칼한 국물이 배어들어 색다른 맛이 난다.

4000원에 판매하는 우삼겹 사리를 추가하면 더 고소하고 진한 국물을 느낄 수 있다. 이외에도 피시볼사리, 햄사리, 우동사리 등 사리 메뉴만 13가지다. 고객들은 사리 메뉴를 골라먹는 재미, 온 가족이 와서 탕수육 세트, 돈가스 세트 메뉴를 시켜 국물에 찍어 먹는 재미로 다시 〈킹콩부대찌개〉를 찾는다.

〈킹콩부대찌개〉는 가맹점을 가족점이라고 부른다. 대표의 경영철학 때문이기도 하지만 실제로 본사 직원의 가족들이 가맹점을 운영하고 있기 때문이다.

한 점주가 2~3개의 매장을 운영하거나 기존의 가맹점주가 가족과 지인에게 소개해 지점을 내는 경우도 적지 않다. 그만큼 킹콩부대찌개의 가맹 시스템이 신뢰도가 높고 투명하게 운영된다는 의미이기도 하다.

이에 본사는 가맹점주들이 부담없이 킹콩부대찌개를 운영할 수 있도록 가맹비와 로열티는 최소화하고, 인테리어나 기자재 납품과 관련한 본사 마진을 최소화해 운영하고 있다. 초기에는 어려움이 있었지만 이런 경험들이 지금은 오히려 내실 있는 상생의 프랜차이즈 시스템을 구축하는 소중한 자산이 되었다.

담당 슈퍼바이저와 지점 사이의 원활한 소통도 큰 장점으로 꼽는다. 영업맨이 가맹점을 모집하는 프랜차이즈도 있지만 킹콩부대찌개는 25~30%의 높은 수익률과 꾸준하고 안정적인 매출을 보여 일부러 찾아오는 예비 창업자들이 많다.

킹콩부대찌개만의 경쟁력으로는 대표 슬로건인 '배부름의 즐거움'을 모토로 한 '무한리필' 콘셉트를 꼽는다. 기존의 다른 부대찌개 업소와는 달리 라면사리와 공기밥을 무한리필로 제공함으로써 고객들이 든든하게 배를 채울 수 있다. 그리고 가장 중요한 것은 '맛' 이다.

대표이자 요리사 출신으로 직접 맛을 개발하고 있는데 기존 부대찌개의 느끼함을 줄이고 담백하고 얼큰한 맛을 느낄 수 있도록 연구의 연구를 거쳐 완성된 부대찌개다. 그 맛을 알아주는 고객들 덕분에 인기를 이어갈 수 있었다.

킹콩부대찌개 전용 '킹콩 사리면'은 ㈜팔도와 1년간 연구개발을 거쳐 완성했다. 빨리 익고 잘 불지 않는 면발로 기존 사리면과 차별화 했으며 검정콩 분말을 넣어 고객의 건강을 생각했다. 도정한 지 10일 이내의 쌀을 각 매장에 공급한다. 또한 대표메뉴인 '킹콩부대

찌개'와 하얀 국물의 '나가사끼부대찌개', 깊고 진한 맛의 '우삼
겹부대찌개'의 인기가 높다.

현재까지 TV광고나 드라마 협찬 등을 하지 않고도 꾸준히 가맹점
이 늘고 있다. 우선 라면, 밥 무한리필콘셉트에 많은 예비 창업자들
이 관심을 가지고 오픈을 문의해 온다. 또 킹콩부대찌개 가맹점은
오픈한 매장끼리 연결고리가 많다.

먼저 오픈한 가맹점주들이 가족, 친구, 지인들에게 소개를 해주고
한 점주가 여러 개의 매장을 운영하는 경우도 많다. 그 이유는 본사
와 가맹점들과의 상생을 목표로 하는 지속적인 소통에 있다.

이곳의 현 주소는 서울시 관악구 신림동 1654-15 로얄빌딩 302호
이며 전화는 02-865-5946 이다.

부록

창업 및 업종 전환, 신규사업 가이드

〈표 1〉 외식산업의 구성요소

외식산업의 구성요소				
가격	식음료	인적서비스	물적서비스	편리성

〈표 2〉 외식기업 경영형태의 장·단점

방법 구분	초기투자	경험도	사업운영 책임도	실패율	재정 위험도	보상
직영	높다	높다	높다	높다	높다	높다
가맹	보통 이하	최저	보통	보통	보통	보통 이상
인수	보통	높다	높다	높다	높다	높다
위탁	없음	보통 이상	보통	보통	보통	보통 이하

〈표 3〉 업종별 분류

외식산업	음식중심	일반음식점	일반음식점	한식점
				일식점
				양식점
				중식점
				기타
			특수음식점	열차식당
				항공기내식당 기내사업
				선박 내 식당
			숙박시설 내 음식점	호텔 내 식당
				리조트,콘도,여관 내 식당(1970년 이전)
		단체음식	학교	초,중,고,대학
			기업	구내식당
			군대방위시설	군대
				전투경찰
				경찰
				교도소
			병원	구내식당
			사회복지시설	연수원
				양로원
				고아원
	음료중심	찻집,술집	커피전문점
			호프집
			술집(대중유흥업소)
		요정,바	요정
			바
			카바레
			나이트클럽, club

〈표 4〉 한식의 유형별 종류

품목	세부종목	품목	세부종목
해물류	조개찜 조개구이 게찜 바닷가재찜 낙지볶음 굴회 오징어볶음	전류	파전 빈대떡 모듬전 오코노미야키
생선류	갈치구이 코다리찜 광어회 장어구이 장어직화 장어양념구이	국물류	된장찌개 부대찌개 청국장 순두부 북어국
육류-쇠고기	쇠고기등심 쇠고기갈비 쇠고기 불고기 쇠고기 샤브샤브	디저트류-빵	샌드위치 초콜릿 케이크 와플 바게트
육류-돼지고기	돼지고기 삼겹살 돼지갈비 돼지등갈비	디저트류-음료	생과일주스 아이스크림 빙수 생과일 요거트 스무디
육류-닭고기	닭튀김 삼계탕 닭강정 닭갈비	디저트류-커피	커피 북카페 애견카페 키즈카페
육류-족발	족발 냉족발 오븐구이족발 쌈족발	출장음식	도시락 제사음식 홈파티
면류	자장면 짬뽕 냉면 잔치국수 메밀	주류	소주 맥주 생맥주 와인 막걸리
탕류	갈비탕 샤브샤브 설렁탕 삼계탕 매운탕	분식류	순대류 튀김 떡볶이 우동 김밥
한식	비빔밥 쌈밥 영양밥 김밥 죽	뷔페류	패밀리뷔페 해산물뷔페 고기뷔페 샐러드뷔페 디저트뷔페 채식뷔페

〈표 5〉 외식업계 업종별 트렌드 핵심 (키워드)

창업할 수 있는 외식 종목들 간 콜라보레이션(모둠+조합) 메뉴

업종	키워드	상세 키워드
한식	건강한 삶과 간편식 시장확대	4S(safety, show, self, single), 건강, 간편식, 유기농, No MSG, 오픈키친, HMR
패밀리 레스토랑	감성을 추구하는 융복합화	콜라보레이션, 감성, 시장 다각화, 초니치 마켓
치킨	카페형 매장과 스포츠 마케팅	가치소비, 힐링, 프리미엄, 싱글족, 치맥 스포츠 마케팅, 간편식, 안전, 차별화, SNS
주점	복고와 엔도르핀 디쉬	복고, 감성, 소형화, 차별화, SNS 콜라보레이션, 인테리어, 합리적 가격
커피	고급 원두와 부티크 매장	웰빙, 건강한 재료, 소형화, 전문화, 차별화, 콜라보레이션, 고급화, 부티크, 복고, 인테리어, 사회공헌, 해외진출
피자	웰빙과 프리미엄의 합리적 소비	웰빙, 고급화, 합리적 가격, 안전·안심, 스포츠마케팅, 복고·향수, 엔도르핀 디쉬, 콜라보레이션, 소형화, 건강한 재료, 싱글족
이탈리안 레스토랑	착한 소비와 건강한 식생활	착한 소비, 오가닉, 건강, 와인
분식	합리적인 가격과 콜라보레이션	콜라보레이션, 소형화, 프리미엄, 합리적 가격, 소량화, 간편식, 싱글족
패스트푸드	안전하고 합리적인 가격	합리적 가격, 간편식, 싱글족, 안심·안전
디저트	매스티지족의 진정성	콜라보레이션, 건강한 재료, 진정성, 유기농, 프리미엄, 인테리어, 독창성

〈표 6〉 소비자 유형별 기호와 변화

소비자 진화 양상 단계 ▼	새로운 소비자 집단 ▼
마담슈머(Madame + Consumer) 구매 결정권을 가진 주부들의 시각에서 제품 평가	**바이슈머(Buy + Consumer)** 해외에서 판매되는 물품을 직접 구입하는 소비자 (직구족)
⇩ **트라이슈머(Try + Consumer)** 기존 정보에 의존하지 않고 제품을 직접 써본 뒤 평가	**모디슈머(Modify + Consumer)** 제조업체에서 제시하는 방식이 아닌 자신만의 방법으로 재창조 해내는 소비자
⇩ **크리슈머(Creative + Consumer)** 신제품 개발이나 디자인, 서비스 등의 문제에 적극 개입해 의견을 제시	**스토리슈머(Story + Consumer)** 기업에 제품과 관련된 자신의 이야기를 적극적으로 알리는 소비자
⇩ **프로슈머(Producer + Consumer)** 제품의 생산단계에 직접 관여하거나 소비자가 생산까지 담당	**쇼루밍족(Showrooming)** 오프라인 매장에서 제품을 보고 온라인을 통해 저렴하게 구매하는 소비자(실속 중시) VS **역쇼루밍족(Reverse Showrooming)** 온라인에서 검색을 통해 제품을 결정한 뒤 오프라인에서 구매하는 소비자
⇩ **가이드슈머(Guide + Consumer)** 기업의 생산현장을 검증하고 잘못된 점은 지적, 잘한 점은 홍보	

〈표 7〉 외식 브랜드의 구성 요소

브랜드 아이덴티티	브랜드 네임, 브랜드 로고, 브랜드 컬러, 브랜드 캐릭터, 브랜드 슬로건
메뉴	메뉴 구성, 원재료 선택, 조리 방식, 메뉴명, 프리젠테이션, 식기 선택, 메뉴 제공 방식
서비스	서비스 정도, 서비스 방식, 서비스 특성
분위기	SI(Store Identity), 음악(music), 조명(lighting), 유니폼(uniform), 사인(signage)
입지	지역, 입점 형태(free standing/building-in)
가격	가격, 좌석회전율, 식재료비, 인력 및 인건비, 임대료 수준, 할인정책

〈표 8〉 브랜드 아이덴티티의 도출

기능적 속성	맛의 동질성, 볼의 차별성, 메뉴의 다양성, 양의 풍부함, 시간 절약, 이벤트의 독창성, 접근 편의성, 인테리어의 간결성, 가격대비 맛과 양, 가격의 합리성		
이성적 혜택	통일성, 신속성, 다양성, 합리성, 편리성, 독창성, 전문성		
감성적 혜택	신선함, 생동감, 젊음	친근함, 즐거움, 정겨움	편안함, 재미있음
성격	▼ 독특함	▼ 공유성	▼ 편안함
브랜드 아이덴티티	⇩ 스파게티로 특화된 캐주얼 레스토랑		

〈표 9〉 브랜드 콘셉트 키워드의 개발

키워드	내용
다양성	메뉴와 이벤트의 다양성
통일성	각 매장 간 메뉴의 맛, 인테리어의 동질성
합리성	가격대비 맛과 양, 서비스의 만족감
신속성	시간 절약
전문성	네이밍에서의 전문성, 메뉴의 전문성
편리성	접근과 이용, 서비스의 편리성
신선함	음식의 신선함, 신선한 식자재, 이벤트와 제공 방식(홀서비스)의 새로움
생동감	동적이고 활발한 분위기, 생동감 있는 인테리어
젊음	매장 분위기, 주된 색상, 방문하는 고객과 직원의 젊음
친근함	고급스럽지 않고 대중적이며 부담스럽지 않은 친근함
즐거움	밝고 화사한 인테리어와 가격대비 맛과 양이 좋은 것에서 오는 즐거움
정겨움	오픈된 주방이나 인테리어, 함께 나눠먹는 정겨움
편안함	인테리어의 편안함, 위치의 편안함, 서비스나 가격 등의 심리적 편안함
재미	이벤트의 재미, 메뉴를 고르는 재미, 홀서비스의 재미
독특함	홀서비스의 독특함, 패밀리레스토랑과는 다른 분위기와 서비스
공유성	음식을 나눔으로서 얻게 되는 정서의 공유

〈표 10〉 콘셉트 도출 사례

고객 이미지	개성을 추구하는 여대생 (20대 여성)	해외여행 경험이 있는 젊은 세대	신세대 직장인	자유 직업가와 보보스족	아침 일찍 출근하는 직장인
고객 이익	자신만의 공간, 자유롭게 대화	해외에서 경험한 커피 맛	친구와 여유로운 대화, 독특하고 맛있는 장소	다양한 커피 선택, 노트북 PC이용	간단한 빵과 커피
입지 이미지	이대 앞, 대학로, 프레스센터, 명동역, 강남역, 삼성역, 코엑스, 역삼역, 광화문				
고객 서비스	창가 쪽 1인 좌석, 자유공간, 바리스타, 테이크아웃 서비스, 고객 맞춤 커피, 무선 랜 서비스, 포인트제도, 페이스트리				
고객 시나리오	창가에서 음악을 들으며 혼자 책을 본다, 커피향이 나는 포근한 소파에서 친구와 부담 없이 대화한다. 여자 친구와 극장에 가기 전에 만나서 영화 이야기를 하며 즐긴다, 직장 동료와 점심 식사 후 커피를 테이크아웃하여 마신다. 여기저기 뛰어다니다 자투리 시간에 무선 랜을 이용하여 업무를 한다, 일찍 출근하여 회사 근처에서 여유로운 아침을 시작한다.				
목표 콘셉트	세계 최고의 커피를 주문하여 직접 에스프레소 방식으로 즐길 수 있는 커피숍, 혼자 있을 때는 편안하게, 친구와 같이 있을 때는 즐겁게 대화할 수 있는 커피숍, 고객의 오감을 만족시켜주는 문화가 있는 커피숍				

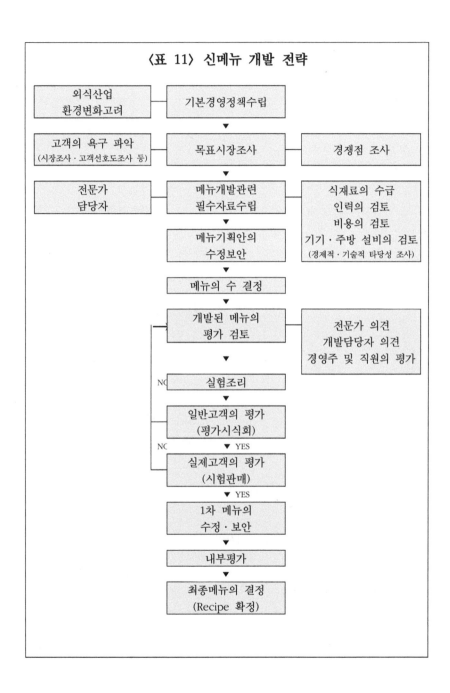

〈표 11〉 신메뉴 개발 전략

외식산업 환경변화고려	→	기본경영정책수립	
고객의 욕구 파악 (시장조사·고객선호도조사 등)	→	목표시장조사	경쟁점 조사
전문가 담당자	→	메뉴개발관련 필수자료수립	식재료의 수급 인력의 검토 비용의 검토 기기·주방 설비의 검토 (경제적·기술적 타당성 조사)

메뉴기획안의
수정보안

메뉴의 수 결정

개발된 메뉴의
평가 검토 — 전문가 의견
개발담당자 의견
경영주 및 직원의 평가

NO 실험조리

일반고객의 평가
(평가시식회)

NO ▼ YES
실제고객의 평가
(시험판매)

▼ YES
1차 메뉴의
수정·보안

내부평가

최종메뉴의 결정
(Recipe 확정)

⟨표 12⟩ 메뉴의 적합성 평가

주요항목 및 평가요소	세부검토사항	
소비기호 (연령별, 직업별)	• 타깃연령대가 좋아하는 음식인가? • 음식이 깔끔하고 정갈한가? • 타깃연령대의 수준에 적합한가? • 계절 메뉴나 계절 식재료를 사용할 수 있는가? • 건강식, 다이어트식, 기능식인가? • 맛 유지와 양은 적절한가? • 메뉴가격대는 어떤가? • 어린이용 메뉴구비와 디저트는 준비되어 있는가? • 가족고객이 좋아하는가? • 단순식사로 적합한가? • 메뉴북은 깨끗하고 설명이 충분한가? • 행사메뉴(모임, 회식, 기타)로 적합한 메뉴인가?	
점포, 입지, 시장	• 주변 시장의 가격대는? • 접근성(편리성)은? • 시장성(시장수요)은? • 적합한 건물인가? • 경쟁상태는? • 성장 가능한 입지인가? • 유동인구는 얼마나 되는가? • 주차시설은 되어 있는가?	• 혐오시설은 없는가? • 홍보성(가시성)은? • 적합한 입지인가? • 점포규모는? • 상권내의 외식 성향은? • 집객 시설이 있는가? • 유동차량은 얼마나 되는가?
경영효율 (경영관리 계수관리)	• 매출이익은? • 객단가는? • 메뉴관리는 용이한가? • 점포관리는? • 구매의 난이도는?	• 회전율은? • 원가(재료비,인건비,제경비)는? • 서비스의난이도는? • 경영주의 메뉴 이해도는? • 직원 채용은?
식사형태	• 조식 • 중식 • 간식 • 석식 • 미드나이트	
판매방식	• 내점(Eat in) • 배달 • 포장판매 • 복합판매 가능성은?	

〈표 13〉 외식 브랜드 주기별 커뮤니케이션 전략	
도입기 (사업홍보)	• 모델샵의 영업 활성화에 총력 • 언론에 기사화 • 브랜드 인지도 제고를 통해 계약 유도 • 체험마케팅을 통한 점포 이용유도 • 예비창업자 홍보
성장기 (성공모델의 정착)	• 기획 사업설명회 개최(명강사 초청 등) • 도입기보다는 광고 홍보 효력감소 • 성공사례 만들기 • 성공사례를 바탕으로 한 현장 확인계약 실적 기대 • 경쟁업체 진입 시 탄력적으로 시장 전략 전개
성숙기 (브랜드지명도 확대)	• 성공사례를 중심으로 한 계약 실적 증가 • 브랜드 정체성 관리 강화(표준화, 전문화, 단순화) • 유지광고/홍보시행 • 브랜드 이미지 관리 • 메뉴개발 및 보완
쇠퇴기 (현상유지/ 신규사업)	• 계약실적 쇠퇴 • 브랜드파워 유지 • 고객욕구 분석을 기초로 한 사업 컨셉 조정 • 재정비 및 제2브랜드 런칭 • R&D 성장전략

〈표 14〉 라이프 사이클에 따른 단계별 관리전략

구분	도입기	성장기	성숙기	쇠퇴기
소비자	소비 준비	소비 시작	소비 절정	소비 위축
경쟁업소	미약	증대	극대	감소
창업시기	창업 준비	창업 시작	차별화	업종변경
매출	조금씩 증가	최고로 성장	평행선	하락
제품 (메뉴)	지명도 낮다	지명도 급상승 및 모방 시작	지명도 최고 제품의 다양화	신 메뉴로 대체시기
유통 (판매)	저항이 높고 점두판매위주	저항 약화되고 주문이 쇄도	주문감소 가격파괴현상	가격파괴절정 생존경쟁으로 재정비
촉진	광고 및 PR 활동성행	상표를 강조하고 경쟁적	캠페인활동 성행 및 제품의 차별성 강조	수요는 판촉에 비해 효과가 미흡
가격	높은 수준	가격인하 정책실시	가격최저로 가격에 민감	재정비에 따른 가격 인상정책
커뮤니케이션	체험마케팅을 통한 이용유도	성공사례를 바탕으로 현장실적기대	유지강화 브랜드 정체성 관리강화, 성공사례를 중심으로 계약실적증가	계약실적 쇠퇴, 신규사업진출 모색, 고객욕구분석으로 사업 컨셉 조정
진행기간	1년차	2년차	3년차	4년차

〈표 15〉 외식산업의 소득 수준별 발전

구분	GNP($)	성장과정	주요업체등장
1960년대	100 ~200	식생활의 궁핍 및 침체기(6·25전쟁 후), 밀가루 위주의 식생활 유입(미국 원조품), 분식의 확산 및 식생활 개선 문제 부상	뉴욕제과(67), 개업업소 및 노상 잡상인 대량 출현
1970년대	248 ~ 1,644	영세성 요식업의 우후죽순 출현, 경제개발 계획에 따른 식생활 향상, 해외브랜드 도입 및 프랜차이즈 태동, 국내프랜차이즈 시작 : 난다랑(79.7), 서구식 외식업 시작 : 롯데리아(79.10)	가나안제과(76) 난다랑(79) 롯데리아(79)
1980년대 초반	1,592 ~ 2,158	외식 산업의 태동기(요식업→외식산업), 영세 난립형 체인점 출현(햄버거, 국수, 치킨 등), 해외 유명브랜드 진출 가속화	아메리카(80) 윈첼(82) 짱구짱구(82) 웬디스(84) KFC(84) 장터국수(84) 신라명과(84) 등
1980년대 후반	2,194 ~ 4,127	외식산업의 적응 성장기(중소기업, 영세업체난립), 식생활의 외식화·레저화·가공식품화 추세, 패스트푸드 및 프랜차이즈 중심 시장 선도, 패밀리 레스토랑·커피숍·호프점·베이커리·양념치킨 등 약진	맥도날드(86) 피자인(88) 코코스(88) 도투루(89) 나이스데이(89) 만리장성(86)
1990년대 초반	5,569 ~ 10,000	외국산업의 전환기(95년 산업으로서 정착), 중·대기업의 신규진출 러시 및 유명브랜드 도입, 프랜차이즈 급성장 및 도태, 시스템 출현(외식근대화)	나이스데이 씨즐러 스카이락 TGIF 등 아웃백, 빕스, 베니건스, 애슐리, 마르쉐 등

구분	GNP($)	성장과정	주요업체등장
1990년대 후반	6,500 ~ 9,800	IMF로 경기침체, 전체적인 침체, 불황 중 실직자들의 생계수단과 고용 창출 효과, 침체기에도 꾸준한 성장을 이룸, 다양한 형태의 소비패턴에 따른 점포의 변화	서울 경기지역 외식기업 포화 상태로 지방음식의 체인화와 수도권 중심의 패밀리 레스토랑의 지방 진출과 발전
2000년대 초반	10,000- 15,000	웰빙 문화로 인한 패스트푸드의 변화, 광우병파동으로 일부 산업 심각한 타격, 조류독감으로 치킨업계 일시적인 위기, 꾸준한 발전으로 전체 국민 노동력의 50%이상 고용 창출한 거대산업으로 발전	프랜차이즈 포화, 국내 브랜드 등장
2000년대 후반	15,000- 21,500	국내브랜드 프랜차이즈 대거 등장 및 대기업·식품업계의 외식산업 진출, 대기업 3세들의 외식산업진출(신세계:스타벅스로부터시작-투썸플레이스 등)	(할리스, 카페베네 등)
2010년대 초반	21,500 ~ 25,000	경기침체와 세월호 사건으로 인한 외식위주의 식단이 집으로 이동, 정부규제에 의한 외식분야와 식품분야의 위축	대기업 진출에 대한 정부규제, 상생과 공생의 기업 논리
2010년대 후반	25,000 ~ 30,000	대기업 외식산업이 상생과 공생을 내세운 중소기업 외식 정책으로 변화, 대기업의 외식산업 진출 금지, 외식문화의 침체기와 과다 경쟁	CS를 통한 기업 이익과 고객만족 공존

〈표 16〉 한국의 외식산업 발전과정

연대	발전내용	주요업체
1960년대 이전	• 전통 음식점 중심의 음식업 태동기 • 식생활 및 식습관의 가내 주도형 • 식량지원 부족(생존단계)	• 이문설렁탕(1907) • 용금옥(1930) • 한일관(1934) • 조선옥(1937) • 안동장(1940) • 고려당(1945) • 남포면옥(1948)
1960년대	• 6·25전쟁 후 식생활 궁핍 및 음식업 침체기 • 혼분식 확산(미국원조 밀가루 위주의 식생활)	• 삼양라면 최초 시판(1963) • 비어홀(1964) • 코카콜라(1966) • 뉴욕제과 신세계 본점 프랜차이즈 1호점(1968)
1970년대	• 해외브랜드 도입기 • 프랜차이즈 태동기 • 대중음식점 출현	• 난다랑(1979) 국내 프랜차이즈 1호 • 롯데리아(1979) 서구식 외식시스템 시발점
1980년대	• 외식산업 전환기 • 해외브랜드 진출 가속화 • 국내 자생브랜드 난립 • 부산 아시안 게임(1986) • 서울 올림픽(1988)	• 아메리카나(1980) • 서울 프라자 호텔이 여의도 전경련 빌딩, 프라자(한식당), 도원(중식당), 연회장 운영(1980) • 윈첼도우넛, 버거킹(1982) • 서울 프라자호텔 열차식당 운영(1983) • 웬디스, 피자헛, KFC(1984) • 맥도널드(1986) • 피자인, 코코스, 크라운베이커리, 나이스데이, 놀부보쌈(1988)

연대	발전내용	주요업체
1990년대	• 외식산업 성장기 • 대기업 외식산업 진출 • 패밀리레스토랑 진출 • 전문점 태동	• TGIF 판다로시(1992) • 시즐러(1993) • 데니스, 스카이락, 케니로저스 (1994) • 토니로마스, 베니건스, 블루노트, BBQ(1995) • 마르쉐(1996) • 칠리스, 우노, 아웃백스테이크 하우스(1997)
2000년대	• 외식산업의 전성기 • 식품업계의 외식산업 진출 • 대기업의 외식산업 점령 • 골목상권 장악 • 자금력에 의한 규모화	• 커피(음료)전문점의 강세, 포화 • 해외진출사례 (할리스˙토종브랜드)
2010년	정부의 규제와 경기침체로 인한 외식산업 침체기, 외식업의 다양화를 통한 커피전문점의 활성화를 꾀하고 있으나 국내포화로 인한 도산위기, 해외진출의 판로가 절실	• 첫손님가게(2013년2월) -기부문화의 정착 • 공생과 상생의 기로 • 대기업의 골목상권진출 금지 등
2020년	• 프랜차이즈를 중심으로 한 한류 K-Food 확산 • 해외 진출 본격화 • 맛, 웰빙, 디테일이 주도 • 성장 정체	• 놀부 NBG • 치킨 브랜드 • CJ 푸드빌 해외 100호점(2012) • 파리바게트(2015년 해외 200호점 개설)

⟨표 17⟩ 국내 프랜차이즈 산업의 변천사

시대별	구분	주요 브랜드 및 이슈
1970년대	**태동기** • 프랜차이즈 산업모델 국내 첫선 • 기업형 프랜차이즈 탄생	• 1977년 림스치킨 • 1979년 7월 국내 프랜차이즈 1호점 난다랑(동숭동) • 1979년 10월 롯데리아 소공동
1980년대	**도입 및 성장기** • 패스트푸드 도입에 따라 대기업 외식업진출 • 해외 패스트푸드 프랜차이즈 국내 진출 • 한식 프랜차이즈시작 (놀부보쌈/송가네왕족발/ 감미옥 등) • 88서울 올림픽 개최	• 1982년 페리카나 • 1983년 장터국수 • 1984년 KFC/버거킹/웬디스 • 1985년 피자헛/피자인/베스킨라빈스 • 1986년 파리바게트 • 1987년 투다리 • 1988년 코코스 • 1989년 도미노피자/놀부/멕시카나
1990년대	**성숙기** • 국내 프랜차이즈 기반 구축 • 국내 최초 패밀리 레스토랑 개념 도입 • 1988년 외환위기 • 1989년 (사)한국 프랜차이즈산업협회 설립	• 1990년 미스터피자 • 1991년 원할머니보쌈/교촌치킨 • 1992년 맥도날드/TGIF 사업개시 • 1993년 한솔도시락/미다래/파파이스 • 1994년 데니스/던킨도너츠 • 1995년 베니건스/토니로마스/씨즐러/BBQ • 1996년 김가네/마르쉐/쇼부 • 1997년 빕스/아웃백스테이크/칠리스/우노 • 1998년 쪼끼쪼끼/스타벅스/코바코 • 1999년 BBQ 국내 최초 가맹점 1000호점 달성 • 1999년 (사)한국프랜차이즈협회 설립인가

시대별	구분	주요 브랜드 및 이슈
2000년대	**해외진출 초창기 일부 업종 포화기** • 국내 외식브랜드 중국, 일본 등 해외진출 가속화 2002년 한일 월드컵 개최 • 치킨프랜차이즈 붐업	• 2000년 미소야, 투다리 중국 청도 진출 • 2001년 퀴즈노스/매드포갈릭/사보텐/ 파스쿠찌 • 2002년 파파존스/본죽, 분쟁조정협의회 설치 • 2003년 프레쉬니스버그/명인만두/ 피쉬앤그릴/BBQ 중국 진출 • 2004년 크리스피크림도넛 • 2005년 뚜레쥬르 중국 진출 • 2006년 토다이, 놀부 일본 진출 • 2007년 BBQ 싱가포르 진출
2010년대	**저성장기 해외진출 가속화** • 식재료 수급 불안정 • 해외진출 가속화 • 외식업관련 법과 제도 정비 • 중소기업 적합업종 선정 • 대기업 빵집 사업 철수 • 공정위 모범거래기준안 발표 • 가맹사업법 추진 • 음식점 금연구역 전면시행(2015) • 디저트 업종 활성화 • 일본, 유럽 등 해외디저트브랜드 도입 활발 • 소프트아이스크림, 팥빙수, 츄러스 등 브랜드 활성화	• 2010년 채선당 인도네시아 진출 • 2012년 파리바게뜨 중국 100호점, CJ푸드빌 해외 100호점 • 2011년 놀부 NBG, 美 모건스탠리PE에 지분 매각, 제스터스, 잠바주스, 망고식스 • 2012년 베코와플, 투뿔등심, 와플트리, 모스버거 • 2013년 바르다김선생, 고봉민김밥, 설빙, 깐부치킨, 이옥녀팥집, 족발중심, 미스터시래기, 고디바, 소프트리 • 2014년 자연별곡, 올반, 계절밥상 등 한식뷔페 • 2015년 11월 미스터 피자 중국 100호점 출점 • 2015년 12월 파리바게트 해외 200호점

〈표 18〉 시대별 외식브랜드(메뉴)콘셉트의 변화추이

메뉴	시대	외식 브랜드
햄버거	1980~1985	롯데리아, 아메리카나, 빅웨이
면류	1986~1988	장터국수, 다림방, 다전국수, 민속마당, 국시리아, 참새방앗간
양념치킨	1988~1990	페리카나, 처갓집, 림스치킨
보쌈	1990~1992	놀부보쌈, 촌집보쌈, 할매보쌈
우동		언가, 천수, 나오미, 기소야
신개념퓨전 레스토랑		(피자, 햄버거, 아이스크림, 통닭 등 모두 판매) 굿후렌드, 코넬리아, 아톰플라자, 해피타임
쇠고기뷔페	1992~1993	엉클리 외
커피		샤뎅, 미스터커피, 왈츠, 브레머
피자	1993~1994	시카고피자, 피자헛, 도미노피자
피자뷔페	1994~1996	베네벤토, 아마또, 오케이, 베니토, 카이노스
탕수육		탕수 탕수 외
김밥		종로김밥, 김가네김밥, 압구정김밥
조개구이	1996~1997	조개굽는 마을, 미스조개 열받네, 바다이야기, 조개부인 바람났네
칼국수		봉창이해물칼국수, 유가네칼국수, 우리밀칼국수
북한음식		모란각, 통일의 집, 고향랭면, 발용각, 진달래각
요리주점	1997~1999	투다리, 칸, 천하일품, 대길, 기린비어페스타

메뉴	시대	외식 브랜드
찜닭	1999~2001	봉추찜닭, 고수찜닭, 계백찜닭
참치		참치명가, 동신참치, 동원참치
에스프레소 커피		할리스, 커피빈, 프라우스타, 이디야
돈가스		라꾸라꾸, 하루야, 패밀리언
생맥주		쪼끼쪼끼, 해피리아, 블랙쪼끼, 비어캐빈
아이스크림	2001~2003	레드망고, 아이스베리
회전초밥		스시히로바, 사까나야, 기요스시
하우스맥주		오키스브로이하우스, 플래티늄, 도이치브로이하우스
불닭	2004~2005	홍초불닭, 화계, 땡초불닭
퓨전 오므라이스		오므토토마토, 오므라이스테이, 오므스위트, 에그몽
중저가 샤브샤브		정성본, 채선당, 어바웃샤브
베트남 쌀국수		호아빈, 포베이, 포메인, 포타이

메뉴	시대	외식 브랜드
해물떡찜	2006~2007	해물떡찜0410, 크레이지페퍼, 홍가네해물떡찜
정육형 고깃집	2006~2007	다하누촌, 산외한우마을
저가 쇠고기		아지매, 우스, 꽁돈, 우쌈, 우마루, 행복한 우담
국수	2008~2009	(비빔국수, 잔치국수)망향비빔국수, 명동할머니국수, 산두리비빔국수, 닐니리맘보
일본라멘		하코야, 멘쿠샤, 라멘만땅, 이찌멘
카페	2008~2013	스타벅스, 카페베네, 파리바게뜨
떡볶이	2011~2012	아딸, 죠스, 국대, 동대문엽기떡볶이
샐러드, 집밥	2013~2014	샐러드뷔페, 계절밥상, 자연별곡
디저트카페	2015~2017	몽슈슈, 초코렛바, 빙수 등 디저트

〈표 19〉 업종별 음식점업 현황(2015년 기준)

분류		업체수		종사자수	
		(개)	%	(명)	%
음식점업	한식점업	299,477	65.1	841,125	59.9
	한식점 제외한 총합	159,775	34.9	562,513	40.1
	중국 음식점업	21,503	4.7	76,608	5.5
	일본 음식점업	7,466	1.6	33,400	2.4
	서양 음식점업	9,954	2.2	67,279	4.8
	기타 외국식 음식점업	1,588	0.3	8,268	0.6
	기관 구내 식당업	7,830	1.7	48,000	3.4
	출장 및 이동 음식업	511	0.1	2,620	0.2
	기타 음식점업	110,923	24.2	326,338	23.2
	소계	459,252	100.0	1,403,638	100.0
주점 및 비알콜 음료점업		176,488		420,576	
음식점업(합계)		635,740		1,824,214	

〈표 20〉 사업장 면적규모별 음식점 분포도(2015년 기준)

사업장 면적규모		음식점수(개)	(%)
30㎡ 미만	(9.3평)	75,977	12.0
30㎡~50㎡	(9.3평~15.4평)	131,003	20.6
50㎡~100㎡	(15.4평~30.9평)	271,277	42.7
100㎡~300㎡	(30.9평~92.6평)	135,299	21.3
300㎡~1,000㎡	(92.6평~302.5평)	19,856	3.1
1,000㎡~3,000㎡	(302.5평~907.5평)	2,057	0.3
3,000㎡	(907.5평)	271	0.1
합 계		635,740	100.0

〈표 21〉 종사자 규모별 음식점(주점업포함)

(2015년 기준)

종사자규모	음식점수(개)	(%)	종사자수(명)	(%)
1~4명	559,338	88.0	1,170,619	64.2
5~9명	61,176	9.6	375,014	20.6
10~19명	11,685	1.8	147,249	8.0
20명 이상	3,541	0.6	131,332	7.2
합계	635,740	100.0	1,824,214	100.0

〈표 22〉 년 매출규모별 음식점 및 종사원 분포도

(2015년 기준)

매출규모	음식점수(개)	(%)	종사원수(명)	(%)
50 만원 미만	156,598	34.1	282,449	20.2
50~100만원	150,523	32.8	347,310	24.7
100~500만원	132,474	28.8	503,483	365.9
500~1000만원	15,862	3.4	152,236	10.8
1000만원 이상	4,294	0.9	118,160	8.4
합계	459,252	100.0	1,403,638	100.0

〈표 23〉 음식점업 시도별 현황(2015)

구분	사업체수	사업체수 비중	종사자수	매출액	업체당 매출액	1인당 매출액
전국	635.7	100	1,824.2	79,579.6	125.1	43.6
서울	116.8	18.4	409.1	19,559.5	167.4	47.8
부산	47.1	7.4	135.7	5,921.2	125.6	43.6
대구	31.4	4.9	84.8	3,513.7	112.0	41.5
인천	29.8	4.7	85.1	3,845.9	128.9	45.2
광주	17.1	2.7	50.3	2,163.1	126.3	43.0
대전	18.3	2.9	54.2	2,559.1	140.0	47.2
울산	16.1	2.5	42.9	2,043.7	126.9	47.6
세종	1.6	0.2	4.1	185.2	116.7	44.7
경기	126.7	19.9	387.3	17,754.4	140.1	45.8
강원	29	4.6	68.8	2,521.8	86.9	36.7
충북	22.7	3.6	56.4	2,227.0	98.0	39.5
충남	28.2	4.4	71.8	3,056.2	108.3	42.6
전북	22.7	3.6	60.2	2,202.3	96.9	36.6
전남	25.6	4.0	60.7	2,262.0	88.5	37.3
경북	41.8	6.6	95.6	3,788.9	90.6	39.6
경남	49.9	7.8	125.4	4,906.1	98.3	39.1
제주	10.8	1.7	31.7	1,039.6	96.5	32.8

〈표 24〉 프랜차이즈 산업 주요 3개국 현황

구분	한국(2015년)	일본(2012년)	미국(2010년)
가맹본부 수	3,482	1,281	2,300
가맹점 수	207,068	240,000	767,000
매출액(년)	약 102조	약 22조 287억 엔	1조 달러
고용인원	124만	200~300만	1,740만
외식업 비중	본부 72% 가맹점 44%	외식업 17.5% (매출기준) 외식업 41.8% (본부기준)	외식업 42% 패스트푸드 31%

〈표 25〉 외식 프랜차이즈 현황

구분	외식가맹 본부 수	전체가맹 본부 수	외식가맹점 수	전체가맹점 수
2011	1,309(64%)	2,042	60,268(40.5%)	148,719
2012	1,598(66.4%)	2,405	68,068(39.8%)	170,926
2013	1,810(67.5%)	2,678	72,903(41.3%)	176,788
2014	2,089(70.3%)	2,973	84,046(44.1%)	190,730
2015	2,251(72.4%)	3,482	88,953(45.8%)	194,199

〈표 26〉 국내 프랜차이즈 현황(2015 기준)

가맹본부
외식업 72%
서비스업 19%
도·소매업 9%

가맹점
외식업 46%
서비스업 31%
도·소매업 23%

〈표 27〉 국내 프랜차이즈 현황(2015 기준)

년도	가맹본부 수	가맹브랜드 수	직영점 수	가맹점 수
2010년	2,042	2,550	9,477	148,719
2015년	3,482	4,288	12,869	194,199

〈표 28〉 국내 프랜차이즈 업종별 브랜드 수(단위:개)

년도	전체	외식업	서비스업	도소매업
2011년	2,947	1,942	593	392
2012년	3,311	2,246	631	434
2013년	3,691	2,263	743	325
2014년	4,288	3,142	793	353

⟨표 29⟩ 국내 외식 프렌차이즈 가맹점 수(단위:개)

치킨	한식	주점	피자 · 햄버거
22,529	20,119	10,934	8,542
커피전문점	제빵 · 제과	분식 · 김밥	일식 · 서양식
8,456	8,247	6,413	2,520

⟨표 30⟩ 외식 업종별 신생률(단위:%)

업종	수도권				비수도권
	서울	인천	경기	평균	
한식음식점	7.6	8.1	7.9	7.8	7.1
중식음식점	7.5	5.4	8.4	7.7	5.3
일식음식점	10.7	6.5	11.1	10.5	9.0
경양식음식점	9.9	13.6	11.8	10.6	10.8
패스트푸드점	9.4	10.9	12.1	10.8	13.4
치킨전문점	10.2	10.8	10.7	10.5	10.9
분식음식점	6.4	11.5	11.3	8.5	9.9
주점	9.6	8.4	10.2	9.7	8.0
커피숍	20.7	22.1	24.7	22.5	20.0

〈표 31〉 업종별 활동업체수 증감률(단위:%)

업종	수도권				비수도권
	서울	인천	경기	평균	
한식음식점	-1.3	-0.5	-1.1	**-1.1**	-0.4
중식음식점	0.1	-2.1	0.2	**-0.1**	-1.6
일식음식점	3.3	0.6	3.4	**3.1**	3.3
경양식음식점	1.6	5.7	3.5	**2.3**	2.0
패스트푸드점	-0.7	4.0	5.3	**2.4**	7.0
치킨전문점	1.4	0.9	2.9	**2.1**	3.8
분식음식점	-3.4	0.7	1.4	**-1.4**	1.9
주점	-0.3	0.2	0.9	**0.3**	1.2
커피숍	15.1	20.8	20.7	**18.0**	13.1

〈표 32〉 업종별 5년 생존율(단위:%)

업종	수도권				비수도권
	서울	인천	경기	평균	
한식음식점	55.4	57.0	56.4	**56.0**	61.7
중식음식점	63.5	69.6	61.4	**63.1**	72.2
일식음식점	59.5	50.0	57.3	**58.2**	68.0
경양식음식점	61.4	48.7	59.3	**60.5**	61.2
패스트푸드점	53.0	69.4	60.4	**58.2**	63.9
치킨전문점	61.9	54.7	59.8	**60.0**	63.4
분식음식점	49.9	54.0	49.8	**50.4**	58.0
주점	59.0	63.9	58.2	**59.1**	65.7
커피숍	57.4	64.8	48.7	**54.5**	51.6

〈표 33〉 수도권 업종별 생존기간 10년 미만 비율

업종	수도권(%)				비수도권(%)
	서울	인천	경기	평균	
한식음식점	53.9	50.4	56.7	54.9	45.9
중식음식점	47.3	45.2	53.7	49.9	37.5
일식음식점	63.5	46.4	62.2	61.7	54.0
경양식음식점	59.4	64.5	64.7	61.2	56.7
패스트푸드점	78.2	73.8	69.4	73.7	62.6
치킨전문점	68.5	69.7	71.6	70.3	66.5
분식음식점	43.6	65.7	64.3	52.7	57.0
주점	58.8	52.0	61.3	59.1	55.3
커피숍	86.5	76.2	84.4	84.5	70.3

〈표 34〉 업종별 상주인구기준 포화도 상위 지역

업종	서울	인천	경기
한식음식점	중구(3.6)	옹진군(2.1)	가평군(3.5)
중식음식점	중구(3.5)	중구(2.3)	가평군(2.8)
일식음식점	중구(3.8)	강화군(1.9)	평택시(2.9)
경양식음식점	종로구(2.9)	중구(2.0)	포천시(3.0)
패스트푸드점	강남구(4.7)	중구(1.5)	가평군(3.6)
치킨전문점	중구(2.4)	동구(1.6)	연천군(2.7)
분식음식점	종로구(3.3)	동구(1.9)	연천군(4.0)
주점	마포구(2.4)	부평구(1.3)	구리시(2.5)
커피숍	중구(3.9)	강화군(1.8)	연천군(3.2)

〈표 35〉 2015년 활동업체 현황(단위:개,%)

| | | 전국 | 수도권 | | | | 비수도권 |
			서울	인천	경기	평균	
한식 음식점	개수	289,358	53,092	11,408	58,235	**122,735**	166,623
	증감	-2,015	-680	-56	-623	**-1,359**	-656
	증감률	-0.7	-1.3	-0.5	-1.1	**-1.1**	-0.4
중식 음식점	개수	21,428	4,030	999	3,970	**8,999**	12,429
	증감	-218	4	-21	6	**-11**	-207
	증감률	-1.0	0.1	-2.1	0.2	**-0.1**	-1.6
일식 음식점	개수	12,784	4,844	645	2,499	**7,988**	4,796
	증감	394	155	4	82	**241**	153
	증감률	3.2	3.3	0.6	3.4	**3.1**	3.3
경양식 음식점	개수	27,023	9,463	575	4,141	**14,179**	12,844
	증감	568	148	31	139	**318**	250
	증감률	2.1	1.6	5.7	3.5	**2.3**	2.0
패스트 푸드점	개수	8,283	1,738	366	1,837	**3,941**	4,342
	증감	378	-13	14	93	**94**	284
	증감률	4.8	-0.7	4.0	5.3	**2.4**	7.0
치킨 전문점	개수	36,895	5,745	1,987	8,966	**16,698**	20,197
	증감	1,085	80	18	250	**348**	737
	증감률	3.0	1.4	0.9	2.9	**2.1**	3.8
분식 음식점	개수	41,454	12,075	2,094	7,171	**21,340**	20,114
	증감	73	-423	15	102	**-306**	379
	증감률	0.2	-3.4	0.7	1.4	**-1.4**	1.9
주점	개수	65,775	12,396	3,908	13,941	**30,245**	35,530
	증감	512	-39	6	120	**87**	425
	증감률	0.2	-0.3	0.2	0.9	**0.3**	1.2
커피숍	개수	50,270	11,055	2,446	9,712	**23,213**	27,057
	증감	6,666	1,453	421	1,664	**3,538**	3,128
	증감률	15.3	15.1	20.8	20.7	**18.0**	13.1

〈표 36〉 국내 주요 50개 외식업체 2016년 실적

	법인명	대표브랜드	매출액		
			2016년	증감률	2015년
1	파리크라상	파리바게뜨	1,777,178,739,028	2.86%	1,727,743,711,101
2	CJ푸드빌	빕스	1,250,423,221,494	3.66%	1,206,274,856,583
3	스타벅스코리아	스타벅스	1,002,814,318,251	29.58%	773,900,207,510
4	롯데GRS	롯데리아	948,881,502,698	-1.17%	960,107,706,719
5	이랜드파크	애슐리	805,448,929,846	11.06%	725,259,064,288
6	농협목우촌	또래오래	539,706,247,053	06.05%	574,447,698,787
7	비알코리아	던킨도너츠	508,589,410,709	-2.24%	520,244,187,126
8	교촌에프앤비	교촌치킨	291,134,570,511	13.03%	257,568,343,023
9	비케이알	버거킹	253,165,340,964	-9.10%	278,519,490,955
10	제너시스BBQ	BBQ	219,753,548,128	1.80%	215,859,733,466
11	청오디피케이	도미노피자	210,258,669,230	7.61%	195,397,386,682
12	해마로푸드서비스	맘스터치	201,871,094,029	35.82%	148,630,305,769
13	에스알에스코리아	KFC	177,025,154,533	1.32%	174,724,909,649
14	더본코리아	새마을식당	174,871,404,102	41.18%	123,861,782,375
15	본아이에프	본죽	161,915,426,742	12.99%	143,298,606,904
16	이디야	이디야커피	153,544,611,986	13.30%	135,521,376,709
17	지앤푸드	굽네치킨	146,963,838,585	49.35%	98,403,070,608
18	커피빈코리아	커피빈	146,020,774,483	5.10%	138,938,692,307
19	할리스에프앤비	할리스커피	128,620,870,080	18.45%	108,584,230,041
20	놀부	놀부부대찌개	120,371,880,274	0.61%	119,644,883,536
21	엠피그룹	미스터피자	97,057,713,543	-12.03%	110,334,442,101
22	한솥	한솥도시락	93,450,170,833	8.69%	85,977,883,670
23	탐앤탐스	탐앤탐스	86,904,811,559	-2.09%	88,763,650,721
24	아모제푸드	카페아모제	77,709,476,186	-10.79%	87,021,856,784
25	카페베네	카페베네	76,579,195,280	-30.45%	110,110,201,113
26	토다이코리아	토다이	75,712,432,549	1.81%	74,366,111,820
27	원앤원	원할머니보쌈	75,335,571,616	-1.76%	76,685,431,644
28	디딤	신마포갈매기	65,752,103,510	6.20%	61,915,832,179
29	엔티스	경복궁	64,214,566,518	0.04%	64,191,883,374
30	전한	강강술래	62,605,427,065	16.76%	53,617,791,947

	법인명	대표브랜드	영업이익		
			2016년	증감률	2015년
1	파리크라상	파리바게뜨	66,466,341,645	-2.83%	68,401,992,788
2	CJ푸드빌	빕스	7,612,835,874	-27.61%	10,515,825,667
3	스타벅스코리아	스타벅스	85,263,869,944	80.87%	47,141,285,776
4	롯데GRS	롯데리아	19,265,680,668	43.52%	13,423,529,274
5	이랜드파크	애슐리	-13,042,395,296	적자지속	-18,567,855,117
6	농협목우촌	또래오래	2,388,904,185	-43.58%	4,234,412,263
7	비알코리아	던킨도너츠	40,507,512,902	-21.78%	51,789,190,475
8	교촌에프앤비	교촌치킨	17,697,273,857	16.81%	15,150,420,135
9	비케이알	버거킹	10,753,419,177	-11.41%	12,138,378,984
10	제너시스BBQ	BBQ	19,119,575,719	37.65%	13,889,867,948
11	청오디피케이	도미노피자	26,148,974,238	14.85%	22,763,349,909
12	해마로푸드서비스	맘스터치	17,257,002,377	93.95%	8,897,630,011
13	에스알에스코리아	KFC	-12,262,188,782	적자전환	2,519,865,023
14	더본코리아	새마을식당	19,762,485,462	80.08%	10,974,482,886
15	본아이에프	본죽	9,643,020,060	108.54%	4,624,133,933
16	이디야	이디야커피	15,785,054,983	-3.36%	16,333,174,813
17	지앤푸드	굽네치킨	14,074,334,840	150.02%	5,629,268,870
18	커피빈코리아	커피빈	6,415,508,347	63.97%	3,912,507,369
19	할리스에프앤비	할리스커피	12,733,558,418	85.71%	6,856,590,390
20	놀부	놀부부대찌개	4,471,311,917	71.67%	2,604,572,263
21	엠피그룹	미스터피자	-8,906,726,136	적자지속	-7,258,907,426
22	한솔	한솔도시락	7,537,969,650	-3.90%	7,844,235,483
23	탐앤탐스	탐앤탐스	2,361,398,129	-46.33%	4,399,702,445
24	아모제푸드	카페아모제	-691,750,183	적자지속	-514,452,289
25	카페베네	카페베네	-554,827,454	적자지속	-4,381,991,762
26	토다이코리아	토다이	1,890,163,061	-34.38%	2,880,632,811
27	원앤원	원할머니보쌈	1,906,415,161	28.04%	1,488,921,918
28	디딤	신마포갈매기	5,531,547,756	109.18%	2,644,406,000
29	엔티스	경복궁	3,495,529,796	6.93%	3,268,846,170
30	전한	강강술래	6,253,723,716	156.51%	2,438,038,325

	법인명	대표브랜드	당기순이익		
			2016년	증감률	2015년
1	파리크라상	파리바게뜨	55,101,759,875	6.56%	51,707,226,710
2	CJ푸드빌	빕스	5,213,030,763	흑자전환	-7,399,515,626
3	스타벅스코리아	스타벅스	65,250,646,249	130.68%	28,286,458,919
4	롯데GRS	롯데리아	-11,328,471,862	적자지속	-57,188,774,814
5	이랜드파크	애슐리	-80,415,701,255	적자전환	3,259,340,450
6	농협목우촌	또래오래	176,061,903	-96.06%	4,474,241,678
7	비알코리아	던킨도너츠	35,748,612,156	-17.04%	43,090,305,701
8	교촌에프앤비	교촌치킨	10,333,269,262	48.13%	6,975,624,101
9	비케이알	버거킹	8,041,478,568	-6.98%	8,644,484,103
10	제너시스BBQ	BBQ	5,622,355,657	-25.79%	7,575,978,570
11	청오디피케이	도미노피자	20,886,060,816	15.86%	18,027,199,494
12	해마로푸드서비스	맘스터치	9,295,865,326	52.53%	6,094,487,395
13	에스알에스코리아	KFC	-18,989,243,531	적자전환	1,239,410,933
14	더본코리아	새마을식당	19,246,938,573	176.53%	6,960,110,664
15	본아이에프	본죽	6,541,937,183	666.68%	853,282,435
16	이디야	이디야커피	11,157,627,325	-14.73%	13,085,209,896
17	지앤푸드	굽네치킨	9,051,485,230	98.68%	4,555,730,841
18	커피빈코리아	커피빈	4,274,213,864	68.04%	2,543,614,329
19	할리스에프앤비	할리스커피	9,112,688,828	97.97%	4,603,109,833
20	놀부	놀부부대찌개	34,729,365	흑자전환	-1,185,695,358
21	엠피그룹	미스터피자	-13,169,290,522	적자지속	-5,685,686,269
22	한솥	한솥도시락	5,937,412,411	-6.94%	6,379,860,772
23	탐앤탐스	탐앤탐스	-2,700,843,324	적자전환	1,006,075,983
24	아모제푸드	카페아모제	-2,894,719,809	적자지속	-2,831,863,842
25	카페베네	카페베네	-24,199,662,544	적자지속	-33,998,615,819
26	토다이코리아	토다이	-302,769,030	적자전환	60,192,423
27	원앤원	원할머니보쌈	1,050,809,166	-46.68%	1,970,922,444
28	디딤	신마포갈매기	3,882,856,783	206.73%	1,265,883,943
29	엔티스	경복궁	870,450,996	62.51%	535,619,685
30	전한	강강술래	4,044,752,337	204.26%	1,329,361,651

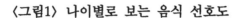

〈그림1〉 나이별로 보는 음식 선호도

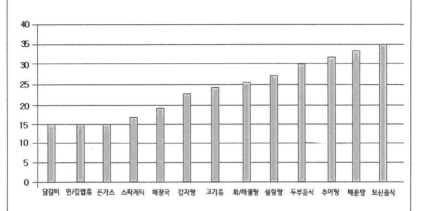

〈표 37〉 외식장소 선택기준

연도	식당 선택기준
1985년	가격, 맛, 위생
1990년	맛, 청결, 가격
1995년	맛(87.1%), 서비스(4.6%), 분위기(4.4%)
2000년	맛(77%), 서비스(37.4%), 분위기(32.7%)
2005년	맛(72.3%), 가격(15.5%), 양(4.4%)
2010년	맛(71.2%), 분위기(10.2%), 교통(8.4%)
2015년	맛(82.6%), 분위기(25.2%), 교통(21.3%)
2017년	맛(77.3%), 분위기(7.1%), 가까운 위치와 교통(6.8%)

〈표 38〉 상권별 특징

구분	특징
오피스	- 말, 저녁 공백. - 직장인 상권의 경우 짧은 이동을 선호하는 경향이 강하여 어디에 입지하는가가 중요함. - 따라서 오피스 이면 유동인구가 많은 곳이 상대적으로 유리. - 직장인을 목표시장으로 하는 만큼 규모를 크게 하고 현대화된 환경으로 창업하는 것이 유리.
역세권	- 영업시간이 상대적으로 길고 자영업자의 피로도가 큼. - 24시간 성황, 주말 유입인구가 크고 업종이 다양하며 유흥성향이 상대적으로 강한 상권 곱창전문점은 B급지에 입지하는 것이 적당,
대학가	- 찾아다니며 소비하는 성향이 강해 상권이 넓게 형성. 따라서 입지 선택의 여건이 상대적으로 양호.
주택가	- 평일 공백 - 가족단위 소비자를 유입할 수 있는 환경을 구축하는 것이 필요
전문 쇼핑가	- 업종별 군집형태로 상권 발달 - 쇼핑가 자영업자를 목표시장으로 전문상가 인근에 입지

〈표 39〉 보쌈전문점 최적의 상권입지

적합상권 유형		장·단점
제1후보지 주택가 진입로변상권	장 점	보쌈전문점 주 수요층의 접근성이 좋은 대단위 주택가 진입로 변 1층 매장이 가장 적합하다.
	단 점	주택가 상권의 경우 직장인 수가 적다. 점심 매출이 기대만큼 나오지 않을 수 있다.
제2후보지 아파트 주거지역	장 점	거주밀집지역의 틈새상권도 좋다. 배달을 전문으로 하는 소규모 업체라면 적극 추천한다.
	단 점	틈새 입지개발이 쉬운 일이 아닌 만큼 단골을 만들기 위한 노력이 필요하다.
제3후보지 역세권, 오피스밀집 상권	장 점	직장인 유동인구가 많은 역세권이나 오피스밀집상권, 먹자상권은 어떤 아이템이 들어가도 반은 먹고 들어갈 수 있다.
	단 점	보증금, 월세, 권리금이 높아 매출은 높으나 수익성이 떨어질 수 있다.

〈표 40〉 장어전문점의 최적 상권입지

제1후보지 사무실 밀집지역 및 도심 오피스상권 먹자골목		제2후보지 도심외곽 관광지 및 강변상권		제3후보지 주택가로 이어지는 대로변	
장점	단점	장점	단점	장점	단점
주택가 상권보다는 관공서 주변상권과 회식 수요가 있는 사무실 밀집지역이 적합하다. 30~50대 남성들의 분포가 많은 지역이라 장어의 수요가 많다.	직장인들을 대상으로 하는 저렴한 가격의 점심 메뉴를 개발해야 한다. 주5일 근무로 주말 매출이 저조할 수 있다.	장어 전문점은 보양식품이라는 인식이 크기 때문에 도심 한가운데보다 외곽지역에서 장어를 찾는 사람들이 많다. 임진강 일대, 고창 선운사 일대, 남양주 운길산역 일대가 장어타운이 형성된 이유다.	주말고객층과 평일고객층의 편차가 크다는 점이다. 수도권 상권의 경우 평일 접근성이 높은 지역 선정이 중요하다.	장어전문점 특성상 주택가 진입로 대로변 매장이 관건이다. 눈에 띄는 입지가 목적 구매고객을 공략할 수 있다.	평일 낮 매출을 담보하기 어렵다. 주부들의 계모임이나 동네의 크고 작은 행사를 유치하는 등 매출증대를 위한 전략을 세울 필요가 있다.

〈표 41〉 갈비 전문점의 최적의 상권입지

적합상권 유형		장·단점
제1후보지 (대단위 아파트 상권 내 외식상권)	장점	갈비 전문점의 주 수요층이라고 할 수 있는 주부·가족단위고객을 공략하는 데는 1만 세대 이상이 거주하는 아파트상권이 적합하다
	단점	아파트상권의 경우 분양기 거품으로 인해 점포임대가가 높기 때문에 자칫 투자 수익률이 떨어질 수 있는 위험성이 있다.
제2후보지 (주택가상권 대로변 입지)	장점	갈비 전문점은 대형화 전문화 바람을 타고 있는 아이템이다. 가시성과 접근성이 좋은 주택가 상권 진입로 대로변을 추천한다. 대형매장을 공략한다면 지역의 랜드마크 역할을 하면서 안정 수익을 확보할 수 있다.
	단점	대형 매장의 경우 점포구입비와 점포 시설투자비가 높다. 초기투자 비용이 상당하므로 쉽사리 진행하기 어렵다.
제3후보지 (역세상권 내 먹자골목)	장점	지속적인 안정 수요층을 확보하는 데는 역세상권의 먹자골목도 나쁘지 않다.
	단점	먹자골독 내의 경쟁점포가 많기 때문에 자칫 먹자골목 경쟁우위를 점유하지 못한다면 상권 내 경쟁구도에서 밀려날 수 있는 위험성이 높다.

〈표 42〉 닭갈비 전문점, 대학가·먹자골목 최적의 상권 입지

적합상권 유형		장·단점
제1후보지 (지하철역 인근 먹자골목)	장점	지하철역 인근 먹자골목이나 중심상가 이면도로는 닭갈비 전문점의 최적 입지다. 내부가 들여다보이는 1층 매장이면 더욱 좋다. 우선 유동인구가 많고, 저녁모임이 많이 이루어지는 곳이라 소모임이나 회식수요가 많다.
	단점	주 영업시간이 밤이기 때문에 늦은 시간까지 영업을 해야 한다. 체력이 뒷받침되지 않으면 운영에 차질을 빚을 수 있다.
제2후보지 (대학가 주변)	장점	닭갈비에 대한 선호도가 가장 높은 계층이 모이는 지역이다. 맛과 서비스에 관리를 잘하면 단골손님 확보가 용이하다.
	단점	점포 구입단계에서 투자비용이 높다. 물건을 구하기도 쉽지 않다. 어설프게 접근하면 손해만 볼 확률이 높다.
제3후보지) (사무실주변 유동인구 많은 곳)	장점	직장인들의 모임 장소로 콘셉트를 잡는 게 중요하다. 점심메뉴를 개발해 점심영업을 기대 할 수 있다.
	단점	주말 매출을 기대하기 어렵다. 저녁 매출이 중요한 업종이지만, 퇴근시간대 매출이 생각만큼 나오지 않을 가능성도 있다.

관통도로와 교통량에 따른 매출

관통도로란 시 경계선에서 시내와 시외를 연결하는 주요 도로를 말한다. 적은 자본으로 음식 장사로 한몫 잡고 싶다면 이들 관통도로의 교통량을 분석하는 것이 좋다. 국내에는 도시 크기가 매우 크고 근처에 거대 위성 도시를 끼고 있어도 관통도로에 하루 20만대가 넘는 교통량을 보이는 지역이 없다. 그럼 관통 도로의 교통량이 대강 어느 정도이면 음식점의 장사가 잘되는 것일까?

교통량이 많이 발생하는 관통 도로에는 도로를 따라 여러 개의 핵심 상권이 자생하고 있다. 음식점을 이 핵심 상권에 입점시키는 것도 좋은 방법이지만 건물 임대료가 비싸다. 이럴 경우에는 교통량을 믿고 대로변에 음식점을 입점시키는 것도 생각해볼 만하다. 남태령 고개를 예로 들어보면, 남태령 고개는 경기도 과천과 서울 사당동을 연결하는 고개 이름이다. 이 고개를 따라 서울 방향으로 발전한 상권이 사당동 역세권이다. 그 밑으로는 방배동 상권이 있다. 예전에는 시계를 연결하는 단순한 도로에 불과했으나 서울 외곽에서 서울 시내로 출퇴근하는 사람들이 많아지면서 사당동은 대형 상권으로 발전하였다.

관통 도로와 같은 대로변에 음식점을 입점시킬 때는 하루 평균 5만 대 정도의 교통량이 발생하는 도로로 생각해볼 만하다. 5만 대 수준이면 대강 맛이 있거나 분위기가 있는 요식업소라면 매출이 일정 이상으로 발생한다.

그렇다면 교통량 계산은 어떻게 하나? 어떤 한 지점의 교통량은 일반적으로 출근이 시작되는 아침 7시를 전후로 해서 늘어나기 시작한 뒤 8시부터 9시 사이가 그날의 최고 피크 타임이 된다. 그런 뒤 교통량이 일정 수준으로 계속 유지되다가 오후 퇴근 시간이 되자 교통량이 다소 늘어났다가 새벽 1시면 현저하게 줄어든다는 공통점이 있다.

즉 아침 9시대에 피크를 이루고 점심을 전후로 약간씩 줄어들었다가 저녁 퇴근 시간대에 다시 피크를 이룬 뒤 새벽 1시까지 천천히 감소하다가 새벽 1시를 넘으면 현저하게 줄어든다. 이로 인해 아침 피크 시간대의 교통량과 교통량이 제일 적은 새벽 4시경의 교통량은 3배에서 5배 정도의 차이가 발생한다.

교통량 조사 방식

관통 도로에서의 교통량은 오전(07~09시), 점심(11~14시), 퇴근 시간(17~19시) 사이에 측정한다. 새벽 1시부터 아침 7시까지의 교통량은 피크 타임의 3분의 1로 계산한 후 평균을 잡으면 하루 교통량의 윤곽이 대강 잡힌다.

일반적으로 주거 지역에서는 21시~23시 사이에 교통량이 점차 줄어들지만, 심야 영업이 활발한 지역은 21시~23시경에 다소 교통량이 늘어나는 특징을 가지고 있다. 따라서 술집을 창업하려면 그 지역(먹자골목 등)의 밤 21시부터 23시까지의 교통량을 측정하는 것이 좋다. 만일 21시를 기준으로 시간당 교통량의 유입 유출 합계가 3천대 이상이라면 그 지역은 심야 상권이 활발한 지역이라고 볼 수 있다.(밤 9시부터 10시까지 3천대 이상의 유동량을 보이는 도로라면 그 도로는 교통 정체가 상당히 심한 도로라고 말할 수 있다.)

⟨표 43⟩ 서울의 관통 도로 교통량

도로 명	교통량(대)
양재대로	약 13만
시흥대로	약 12만
하일동	약 10만
남태령	약 9만
통일로	약 9만
도봉로	약 7만 9천
망우리	약 7만 7천
복정 검문소	약 6만
서하남	약 6만
서오릉	약 4만

창업할 수 있는 외식업 종목

한정식 전문점/ 산채요리 전문점/나물요리 전문점/ 약선요리 전문점/ 궁중요리 전문점/ 사찰음식 전문점/ 한식당/ 한식배달 전문점/ 생선구이백반 전문점/ 연탄구이백반 전문점/ 우렁된장 전문점/ 대통밥 전문점/ 중화요리 전문점/ 중화요리 뷔페/ 테이크아웃 중화요리 전문점/ 중화요리 패밀리 레스토랑/ 기사식당/ 5,000원 기사식당/ 돼지김치찌개 전문 기사식당/ 해물탕 전문 기사식당/ 연탄구이 기사식당/ 일식집/ 활어횟집/ 장어 전문점/ 초밥 전문점/ 퓨전초밥 전문점/ 회전초밥 전문점/ 일본음식 전문점/ 보쌈 전문점/ 부대찌개 전문점/ 수제 부대찌개 전문점/ 빈대떡 전문점/ 족발 전문점/ 닭갈비 전문점/ 찜닭 전문점/ 바비큐 치킨 전문점/ 통닭 전문점/ 닭볶음탕 전문점/ 삼계탕 전문점/ 죽 전문점/ 덮밥 전문점/ 비빔밥 전문점/ 돌솥밥 전문점/ 가마솥밥 전문점/ 철판볶음밥 전문점

참치회 전문점/ 꽃게탕 전문점/ 해물탕 전문점/ 민물새우 전문점/ 낙지요리 전문점/ 랍스타 전문점/ 조개구이 전문점/ 꼬치구이 전문점/ 밴댕이요리 전문점/ 올갱이국 전문점/ 돼지갈비 전문점/ 삼겹살 전문점/ 생고기 전문점/ 연탄불고기 전문점/ 화로 숯불고기 전문점/ 한우 전문점/ 떡볶이 전문점/분식 전문점/ 만두 전문점/ 즉석김밥 전문점/ 카레요리 전문점/ 수제어묵 전문점/ 수제 햄버거 전문점/ 수제핫도그 전문점/ 호두과자 전문점/ 왕만두 전문점/ 멸치국수 전문점/ 잔치국수 전문점/ 회국수 전문점/ 막국수 전문점/ 우동 전문점/ 라면 전문점/ 칼국수 전문점/ 손칼국수 전문점/ 콩칼국수 전문점/ 바지락 칼국수 전문점/ 수제비 전문점/ 닭수제비 전문점/ 퓨전음식 전문점/ 일식돈가스 전문점/ 바비큐 전문점/ 샤브샤브 전문점/ 버섯요리 전문점/ 두부요리 전문점/ 두루치기 전문점/ 보리밥 전문점/ 쌈밥 전문점/ 떡갈비 한정식 전문점

추어탕 전문점/ 매운탕 전문점/ 동태탕 전문점/ 감자탕 전문점/ 영양탕 전문점/ 오리요리 전문점/ 설렁탕 전문점/ 해장국 전문점/ 뼈다귀 해장국 전문점/ 콩나물 해장국 전문점/ 소해장국 전문점/ 카페/ 락카페/ 북카페/ 룸카페/ 커피숍/ 룸커피숍/ 테이크아웃 커피 전문점/ 보드게임 카페/ 막걸리 전문점/ 연탄불 생선구이 주점/ 일본식 주점/ 퓨전 주점/ 연탄불 안주 주점/ 철판요리 주점/ 포차 주점/ 맥주 전문점/ 세계맥주 전문점/ 호프 전문점/ 소주방/ 단란주점/ 룸살롱/ 노래방/ 비즈니스 바/ 웨스턴 바/ 칵테일 바/ 마술쇼 바/ 모던 바/ 클럽/ 제과점/ 떡 전문점/ 피자 전문점/ 파스타 전문점/ 스파게티 전문점/ 이태리요리 전문점/ 프랑스요리 전문점/ 터키요리 전문점/ 베트남쌀국수 전문점/ 양꼬치 전문점/ 말고기 전문점/ 북한음식 전문점/ 외국음식 전문점/ 패스트 푸드/ 패밀리 레스토랑/ 샐러드 레스토랑/ 해물 뷔페/ 고기 뷔페/ 가든형 음식점/ 반찬집/ 1만원 고기안주 주점/ 1만원 해산물안주 주점/ 무한리필 안주 주점/ 무한리필 음식 전문점/ 무한 토핑 주점

<表 44> 추정소요자금 계획

과목	금액	비고
1. 매출액	0	서비스매출 + 상품매출
1) 서비스	0	(서비스매출)
2) 상품매출	0	(상품 또는 음식 판매 매출)
2. 매출원가	0	상품의 원가
3. 매출이익	0	매출액 - 매출원가
4. 판매관리비	0	
1) 급료	0	직원급여, 사업자급여
2) 복리후생비	0	직원복리후생, 4대보험, 식대 등
3) 임차료	0	임차료
4) 수도광열비	0	전기세, 수도세, 가스 등
5) 통신료	0	전화, 인터넷, 휴대폰
6) 수수료	0	세무대행료, 신용카드 수수료, 정수기, POS 등
7) 소모품비	0	1회용품, 청소용품, 주방용품
8) 감가상각비	0	취득원가-잔존가치/내용연수
9) 광고비	0	전단지, 홍보비 등
10) 기타경비	0	
5. 영업이익	0	매출이익 - 판매관리비
6. 영업외 비용	0	
1) 지급이자	0	대출금은행이자
7. 영업외 수익	0	이자수익 등
8. 경상이익	0	영업이익 - 영업외비용 + 영업외수익
9. 세전순이익	0	경상이익 - 특별손실 + 특별이익
10. 세금	0	1년 부가가치세, 소득세/12개월
11. 순손익	0	세전순이익 - 순이익

매출액 추정과 투자 수익률 분석
매출액 추정 방법
1개월 동안의 수익 X 12개월 = 적정 권리금
월 매출액
통행인구수 X 내점률 X 1인구매단가(객단가) X 월간 영업일수

〈표 45〉 투자수익률 및 투자회수기간 판단 기준

사업성 판단기준	투자수익률	투자비회수기간
매우 우수	4.3% 이상	2년 이내 회수
우수	3~4.2%	2~3년 회수
보통	2.2~3%	3~4년 회수
불량	2.1% 미만	4년 이상 회수

〈표 46〉 입지 후보지 선정

1	업종(목적)분석	아이템의 소비시간, 소비수준, 소비층, 소비행동, 경쟁점, 보완점을 분석한다.
2	유사업종군집화	소비패턴과 소비특성 등이 유사한 업종을 군집화한다.
3	1차 지역선정	군집화된 업종의 환경 조사
4	적합도 분석	상권과 업종의 적합도와 경쟁점과 보완점을 조사한다.
5	2차 후보지선정	적합도가 높으며, 임대조건 등이 좋은 지역 선정
6	변화요인 분석	도시계획, 공급률 등을 조사하여 미래변화요인을 조사한다.
7	타당성 분석	추정손익, 투자대비, 수익률 등 사업타당성을 분석한다.
8	최종	최종 결정

〈표 47〉 환경 분석(3C 분석)

3c	분석 내용	전략 방향
Customer	- 상권 반경 1km 내 - 배후세대를 주택가로 두고 있는 2종 근린생활 상권 - 30~40대 매니아층, 가족 수요 상존 - 31,500세대, 88,700명(주택 80%)	양질의 제품 확보 정당한 가격 정책
Company	- 기능적 능력의 확보 - 공급자 확보 - 20년 이상 거주로 잠재 수요 확보	제품의 질 유지
Competitor	- 경쟁점포 7개소(곱창 6, 양구이 1) - A급 경쟁점포 1개 - 경쟁점 대비 차별화 요소 약함 - 기존 점포의 고객 충성도 높음	양심의 제품 공급과 마케팅으로 새로운 맛집으로 부상

〈표 48〉 사업 방향의 설정

구분	사업 방향 설정
목표고객	- 상권 내 30~40대 - 배후세대 가족 고객
핵심경쟁력	- 기술적 능력 - 양질의 제품에 대한 지속적인 제공능력
실행방안	- 독산동 내장 도매상과의 협업 - 블로그 운영 - 스토리텔링에 의한 고객충성도 고취
업종현황 및 전망	- 공급이 한정적이고 손질에 어려움이 있는 반면, 매니아층을 중심으로 수요가 꾸준하여 향후 전망 또한 안정적임.

〈표 49〉 시설계획

인테리어 컨셉	-젠 스타일 추구로 유행을 타지 않으면서 안정감 추구 -가족 고객을 위한 편안한 테이블 셋팅 -배연 시설에 중점			
시설 계획	-동선을 고려한 설계 -주방면적, 홀 면적, 테이블 수, 마감재 기재 철거, 목공, 전기, 조명, 마감 계획의 구체화 -간판 디자인			
시설 자금	품명	수량(m²)	3.3m² 당 단가	금액
	인테리어(홀)	66	800,000	16,000,000
	인테리어(주방)	19	400,000	2,000,000
	잡기 비품 등			5,000,000
	간판 외			2,000,000
	합계			25,000,000

〈표 50〉 구매계획

구매전략	-독산동 내장 소매상 2곳 이상 확보 -세금계산서 수취가 가능한 식자재 업체 확보 -결제조건, 반품 조건 등을 명확히 함. -집기 비품 구매 목록표 작성					
	구입품명	**구입처**	**거래조건**	**연락처**	**금액**	**비고**
식자재	곱창, 양깃머리 외					
	식자재					
	주류					
집기/비품	주방 용품					
	홀 용품					

〈표 51〉 판매계획

	메뉴명	수량(g)	단가	금액(일)	비고
판매계획	곱창	200	15,454	772,700	부가세 별도
	양깃머리	200	20,000	200,000	
	곱창모듬	200	13,636	272,720	
	염통	200	9,090	45,450	
	간, 천엽		4,545	22,725	
	주류		2,727	149,985	
	합계			1,463,580	

〈표 52〉 원가계획

매출원가	원부자재	소요량(일)	구입단가	금액	비고
	곱창	1보			
	양깃머리	2kg			
	막창	1보			

〈표 53〉 인력 및 인건비 계획

직책	인원	급여	총액	비고
실장(주방/홀)	2	1,600,000	3,200,000	
직원(홀)	2	1,400,000	2,800,000	
보조(주방)	1	800,000	800,000	
합계	5	3,800,000	6,800,000	

〈표 54〉 소요자금 및 조달계획

구분		내역	금액	산출근거
소요자금	시설자금	임차보증금	40,000,000	임대차계약서
		권리금	20,000,000	권리양도계약서
		인테리어비	20,000,000	견적서
		집기 비품	5,000,000	견적서
		소계	85,000,000	
	운영자금	운영자금	25,000,000	매출계획의 약 65%
		소계	25,000,000	
	합계		110,000,000	
조달계획	자기자금	현금/예금	70,000,000	통장
		소계	70,000,000	
	타인자금	은행대출	10,000,000	
		정책자금	30,000,000	창업자금
		소계	40,000,000	
	합계		110,000,000	

〈표 55〉 손익계획

과목	금액	산출근거
1.매출액	39,516,000	매출계획(27일영업일)
2.매출원가	15,806,000	(40%)
3.매출이익	23,710,000	
4.일반관리비	13,875,000	(가~자 합계액)
가.급료	6,800,000	인력계획 참조
나.임차료	5,060,000	
다.관리비	600,000	
라.수도광열비	400,000	
마.통신비	50,000	
바.복리후생비	250,000	
사.광고선전비	100,000	
아.잡비	200,000	
자.잠가상각비	415,000	
5.영업이익	9,835,000	
6.영업외비용	100,000	
가.지급이자	100,000	약 25%
7.영업외수익		
8.경상이익	9,735,000	

〈표 56〉 곱창이야기 수익성

구분	15평(49.5m)	30평(99.1m)
테이블수	일일 2회 기준 테이블수X테이블단가40,000 ▶360,000X2회 ▶720,000	일일 2회 기준 테이블수18X테이블단가40,000 ▶720,000X2회 ▶1,440,000
예상매출	일일 2회 기준 테이블수X테이블단가40,000 ▶360,000X2회 ▶720,000	일일 2회 기준 테이블수18X테이블난가40,000 ▶720,000X2회 ▶1,440,000
예상월매출	영업일30X일매출→ 21,600,000	영업일수30X일매출→43,200,000

〈표 57〉 곱창이야기 창업비용

구분	15평	30평	내용
월매출	21,600,000	43,200,000	
매출원가	8,610,000	17,280,000	원재료+식자재+주류+야채류
건물임대료	2,600,000	4,000,000	임대료/관리비
인건비	4,000,000	7,000,000	15평 주방1 홀2 4,000,000 30평 주방1 홀4 7,000,000
전기,가스 공과금	1,000,000	2,000,000	전기,수도,가스,공과금 등
잡비	500,000	1,000,000	기타 소모품 및 식대
소계	16,140,000	31,280,000	
영업이익	5,460,000	11,920,000	원매출-지출경비(소계)

〈표 58〉 한식당 창업비용의 예

구분	내용	20평	30평	40평	50평	60평	70평
가맹비	브랜드 사용권, 지역독점부여권, 조리교육, OPEN지원 3일	500	500	500	500	500	500
교육비	경영, 조리, 매뉴얼제공, 본사 노하우제공, 조리교육 3일	200	200	200	200	200	200
인테리어	목공사, 전기공사, 설비공사, 도장공사, 유리, 도배, 주방, 바닥 시공, 조명, 덕트 등 일체포함	3,000	4,500	6,000	7,500	9,000	10,500
주방기기	냉장고 및 냉동고, 간택기, 육수냉장고, 싱크대,찬 냉장고, 작업대, 밥솥, 컵소독기, 스텐 선반, 홀싱크대, 상부선반, 초벌대	37	37	37	37	37	37
주방 및 홀 집기	그릇 및 주방집기, 기물, 홀 집기, 앞치마, 전자레인지, 믹서기, 보온고 등	30	30	30	30	30	30
판촉 및 홍보	명함, 빌지패드, 라이터, 메뉴판, 전단지, OPEN현수막, 유니폼(홀, 주방), 오픈행사도우미 2명 외 등	250	250	250	250	250	250
본사지원품목	주류냉장고, 냉동고, 냉각기 및 주류비품 일체, 가스설비시공 (단, 도시가스 제외)						
창업자금지원	무이자, 무담보, 1,000만원부터 최고 5,000만원 까지 가능 (지역 상권, 평수에 따라 차이가 날 수 있음)						
합계		4,017	5,517	7,067	8,567	10,067	11,567

사업자등록증 발급을 위한 행정 절차	
권리금 산정방식	① 신규 위생교육 ② 보건증 발급 ③ 영업신고증 신청 ④ 사업자등록증 신청 ⑤ 보험 가입

〈표 59〉 일반음식점과 휴게음식점 비교

일반음식점	휴게음식점
음식물의 조리 및 판매와 더불어 음주행위가 허용되는 호프집, 한식, 경양식 등	음식물의 조리 및 판매는 가능하나 음주행위가 허용되지 않는 커피숍, 빵집 등

〈표 60〉 일반과세와 간이과세 비교

구분	일반과세사업자	간이과세사업자
매출액	연간매출액 4,800만원 이상	연간매출액 4,800만원 미만
납부세율	공급가액의 10% 부가가치세로 납부	업종별 부가세율을 고려한 세율부과(공급가액의 1.5~4%)
세액공제	매입세액 전액	매입세액의 15~40%
세금계산서	세금계산서 발행과 매입의 의무	세금계산서 발행 불가
예정고지 여부	예정신고기간에 대해 예정신고 또는 예정고지에 의한 징수 원칙	예정신고 및 예정고지 없음
비고		과세기간 매출액이 1,200만원 미만인 경우 부가가치세 면제

〈표 61〉 주요 소셜커머스 사이트 및 연락처

소셜커머스 업체	도메인	연락처
쿠팡	www.coupang.com	1577-7011
티켓몬스터	www.ticketmonster.co.kr	1544-6240
위메이크 프라이스	www.wemakeprice.com	1588-4763
그루폰코리아	www.groupon.kr	1661-0600
지금샵	www.g-old.co.kr	070-4077-4770
슈팡	www.soopang.co.kr	1600-2375
소셜비	www.sociabee.co.kr	1588-5908
달인쿠폰	www.dalincoupon.com	1666-9845

〈표 62〉 온라인마케팅의 하나인 소셜미디어 활용

	블로그	SNS	위키	UCC	마이크로 블로그
사용목적	정보공유	관계형성, 엔터테이먼트	정보공유, 협업에 의한 지식 창조	엔터테이먼트	관계형성, 정보공유
주체:대상	1:N	1:1 1:N	N:N	1:N	1:1 1:N
사용환경 **채널 다양성**	인터넷 의존적	인터넷환경, 이동통신환경	인터넷 의존적	인터넷 의존적	인터넷환경, 이동통신환경
사용환경 **즉시성**	사후기록, 인터넷 연결시에만 정보 공유	사후기록, 현재시점 기록, 인터넷/이동 통신 연결 시 정보공유	사후기록, 인터넷 연결시 창작/공유	사후제작, 인터넷 연결시 콘텐츠 공유	실시간 기록, 인터넷/이동 통신 연결 시 정보공유

〈표 63〉 연간 판매촉진 전략

월별	행사	이벤트 기준 및 판촉활동
1	시무식, 신년회, 설날, 대입합격축하회	POP부착, 새해선물(식사권, 할인권 등)을 연하장에 넣어 DM발송, 내점고객 선물 증정(복주머니, 복조리 등)
2	입춘, 봄방학, 졸업식, 환송회	졸업축하 이벤트, 발렌타인데이 특별 디너세트 판매(꽃, 샴페인증정, 초콜릿), 봄맞이 환경처리 실시, 현수막 부착, DM발송(리스트 입수), 정월대보름 오곡밥 축제
3	입학식, 환영회, 대학개강 파티	입학식, 환영회(행사유치를 위한 사전 홍보활동 및 선물제공), 화이트데이 이벤트 실시, 봄 샐러드 축제와 꽃씨제공
4	봄나들이, 한식, 식목일	신 메뉴 개발, DM, 각종 차량에 안내장 부착
5	어린이 날, 어버이 날, 스승의 날, 성년의 날	어린이날 특선메뉴 및 기념품 제공, 가정의 달 효도대잔치(카네이션, 기념사진 등), 독거 소년·소녀와 노인 초청 행사, 서비스 콘테스트 실시, 광고 등
6	각종 체육회, 현충일	국가 유공자 가족 초대회(할인행사)

월별	행사	이벤트 기준 및 판촉활동
7	여름보너스, 휴가, 초중고 방학	DM, 여름철 특선 메뉴 실시(빙수, 생과일 쥬스, 호프, 야외 바베큐파티 등), 삼복더위 축제
8	여름휴가, 초중고 개학	한여름 더위를 식힐 화채 개발 시식 및 각종 우대권 제공
9	대학개학, 초가을레저, 추석	도시락 개발, 행락철에 T/O
10	운동회, 대학축제, 결혼러시, 단풍놀이 행락객	가을미각축제, 과일축제, 송이축제, 전어축제, DM발송
11	학생의 날, 취직, 승진축하	찜요리 축제, 입시생을 위한 특선메뉴(건강식), 송년회 및 회식안내(DM)
12	송년회, 겨울방학, 겨울레저, 첫눈	크리스마스카드 및 연하장 발송(할인권), 점내 POP부착
기타	단골고객의 날 이벤트 개최, 생일 축하, 월 시식일 등	고객관리, 선물 또는 무료 식사권 제공

일일 매출 규모별 적정 관리 내역

(1) 하루 매상 40만원-창업 실패한 업소

한 달 총매출 : 40만원 x 30일 = 1,200만원

재료비(30%~35% 안팎) : 450만원 안팎

임대료&공과금&인건비(35%~40% 안팎) : 500만원 안팎

순이익률(22%~30%) : 250만원 ~ 350만원(사장이 주방이나 매장일을 하는 상태)

(2) 하루 매상 60만원-평균 성적을 거둔 업소

한 달 총매출 : 60만원 x 30일 = 1,800만원

재료비(30%~35% 안팎) : 600만원 안팎

임대료&공과금&인건비(35%~40% 안팎) : 700만원 안팎

순이익률(23%~32%) : 400만원 안팎(사장이 주방이나 매장일을 절반 정도 하는 상태)

(3) 하루 매상 150만원-대박 아닌 중박을 이룬 업소

한 달 총매출 : 150만원 x 30일 = 4,500만원

재료비(30%~35% 안팎) : 1,600만원 안팎

임대료 & 공과금 & 인건비(35%~40% 안팎) : 1,700만원
안팎

순이익률(25%~33%) : 1,200만원 안팎

(4) 하루 매상 30만원~40만원 일 경우-폐업 갈림길의 음식점

말 그대로 입에 풀칠하고 있는 상황에서 사업을 접지도 못
하는 상황인 음식점을 말한다. 수입이 적기 때문에 사장이
직접 주방일을 할 수밖에 없다. 인건비 지출을 줄여야 하므
로 종업원은 1~2인만 고용할 수 있는 상태다. 종업원 1인 고
용 시 매장을 전부 담당하지 못하므로 사장 부인이 주방일도
거들고 매장일도 거드는 상황이 된다. 이렇게 되면 부부가
힘들어 지게 되고, 부인의 바가지 지수는 높아지며 이때쯤
되면 음식점 장사에 대해 체념하게 된다.

이런 점포는 십중팔구 1년 안에 문을 닫게 되거나, 코가 꿰
인 상태로 어쩌지도 못하고 사업을 하는 상태가 지속된다.

하루 평균 매상 30만원 이하이면 이건 동네에서 관심조차 받지 못하는 음식점이란 뜻이고, 맛없는 집이거나 망해가는 음식점이라는 뜻이다. 다시 말해 동네 손님은 없고, 아주 소수의 단골손님과 우연히 걸려든 뜨내기손님을 받는 업소이다.

5천만원 이하 소자본 창업을 하면서 준비를 제대로 하지 않으면 이런 일이 쉽게 발생한다. 가장 큰 이유는 업종 선택이 잘못되어서이거나, 맛이 없어서이다. 이런 경우 1일 매상 폭의 변동이 매우 심한데 이것은 고객들에게 안 가도 되는 음식점으로 각인됐다는 뜻이다. 창업 15일이 지나도 하루 평균 매상이 30만 원 이하이면 바로 업종 변경을 해야 한다. 만일 밥집이었다면 술을 취급할 수 있는 업종으로 변경을 시도하면 매상을 더 올릴 수 있다.

(5) 하루 매상 60만원 일 경우-생활 유지형 음식점

하루 매상 60만원이라면 월수입이 400~500만원 정도이므로 집에 생활비를 가져갈 수 있고 음식점 경영 목적으로 자동차를 자유롭게 운용할 수 있는 상태이다. 자동차는 더 싼 식재료를 사러 다니는 용도로 사용한다. 우리 주변에서 볼 수 있는 평범한 음식점들보다는 좋은 실적이므로 일단 '맛'은 어느 정도 인정받은 집이라고 할 수 있다.

 일을 할 때 가끔 자기 일이 행복하다는 생각이 들기도 하고 불행하다는 생각이 들기도 한다. 부부는 일심동체로 사업을 키우기 위해 더 열심히 노력하는 상태가 된다. 건물 임대료에 따라 다르겠지만 종업원은 1~2명 정도 고용할 수 있고 부부 중 한 사람이 주방을 맡아 인건비 부담을 줄일 수 있다.

 그런데 이 경우가 가장 위험하다. 당장 먹고사는 방법이 마련되어 있으므로 가끔 행복지수가 올라가기는 하는데, 유명 맛집이 아닌 한 음식점의 매상은 세월이 흐를수록 떨어지기 마련이다. 예를 들어 옆집에 더 근사한 음식점이 들어오면 바로 타격이 온다는 뜻이다. 하지만 기존 단골이 있으므로 바로 매상이 떨어지지는 않고 2~5년 세월이 흘러가면서 아주 서서히 매상이 떨어진다. 어느 날은 매상이 90만원인데 어느 날은 매상이 20만원이 되기도 한다.

(6) 하루 매상 100만원일 경우-돈을 모을 수 있는 음식점

월 900만원 안팎의 수익이 발생하므로 몸은 고생해도 행복지수는 날로 높아진다. 월 순이익 1천만원 수준을 넘기면 이젠 자신의 음식점이 성공하였다고 자부하고, 자기는 가만히 있는데도 돈이 굴러들어온다고 착각한다. 이 상태이면 주방장과 종업원을 여러 명 고용한 뒤 부부는 놀러 다닐 수도 있는 상태가 되지만 돈 버는데 재미가 붙어 꼭 매장에 붙어 있으려고 한다. 이 경우 월수입을 전부 쓰지 말고 생활비를 제외한 나머지는 반드시 저축해야 한다. 저축한 금액은 몇 년 뒤 매장을 확장하거나 직영점을 내는 데 활용할 수 있다. 직영점 3개 정도 내면 더 바쁘게 살겠지만 최소한 돈 걱정은 안 하고 살 수 있을 것이다. 또한 천천히 프랜차이즈 사업을 시도할 수도 있다.

(7) 하루 매상 150만원일 경우-흔히 말하는 중박 음식점

하루 매상이 150만원인 점포는 흔히 말하는 중박 이상의 성공한 음식점들이다.

유명 햄버거 프랜차이즈 중에서 입지 조건이 나쁜 지방에 있는 점포인 경우 일매 110만원 정도를 찍는다. 대도시에서 지명도 낮은 지역에 있는 유명 햄버거 체인점들이 일매 130만원~180만원을 찍는다. 그리고 재래시장에서 볼 수 있는 시장 빵집 중 항상 손님이 바글바글대는 빵집이 일매 170만원을 찍는다.

30평 규모의 유명 한식 프랜차이즈 중에서 장사가 잘되는 점포가 일매 150만원 찍고, 장사가 잘되는 주점, 호프집, 고깃집, 일식집, 분식집이 일매 150만원을 찍는다.

(8) 하루 매상 200만 원-흔히 말하는 초대박 음식점

하루 매상 200만 원이면 객단가 7천 원 기준 1일 300인분을 판매하는 초대박 음식점이다. 월 1천 500만원~2천만원의 순수익이 발생한다. 물론 고기를 박리다매하는 주점이라면 이익률이 더 낮아질 것이다. 하루 200만 원 매출이 발생한다면 더할 나위 없이 좋은 시나리오이고 프랜차이즈 사업을 시도해도 성공할 확률이 높다. 또한 매출이 조금 떨어질 무렵이면 장사에 싫증날 수도 있는데 이때 권리금을 많이 받고 바로 팔아 버릴 수도 있다.

그런데 하루 매상 200만원 찍으려면 단골과 유동 인구가 중요하다. A급 상권에 입점한 유명 패스트푸드점, 외식업 체

인점이 일매 200만원 이상 찍는다. A급 상권에서 장사가 잘

되는 고깃집, 한정식, 횟집, 주점, 퓨전음식점, 유명 한식체인

점, 일식집, 분식집이 일매 200만원 이상 찍는다. A급 상권

에 있는 퓨전포차도 히트치면 일매 200만원 이상 찍는다.

(9) 하루 매상 300만원 이상-맛집이거나, 유동 인구가 많거나, 매장 크기가 큰 음식점

유동 인구가 많은 오피스 밀집 지역은 20평 크기의 분식점

도 장사를 잘하면 일매 300만 원 이상 찍기도 한다. 또한 지

방의 전통적인 맛집이거나, 점포 크기가 상대적으로 큰 경우

다. 객단가가 높은 음식점이거나, 부촌에서 장사가 잘되는 음

식점이 이에 속한다.

A급 상권이거나 강남 부촌 등에서 장사가 잘되는 고깃집,

주점 등이 일매 300만원 이상 찍고, A급 상권으로 비즈니스

밀집 지역에서 장사가 잘되는 20평 크기의 분식점이 일매 3

00만 원 이상 찍는다. 대형 아파트단지에서 맛으로 유명한

개인 빵집도 일매 300만원 이상 찍는다.

갈비 숯불구이집이 부촌에서 초히트치면 일매 1,000만원을 찍는다. 바닷가의 유명 횟집이라면 일매 400만원 이상 찍는다. 더 유명하고 드라이브족이 많이 찾는 횟집이라면 일매 700만원을 찍기도 한다. 도시 외곽에 새로 음식점을 세웠는데 맛집으로 유명세를 타면서 손님들이 몰려온다면 일매 300만원 이상 찍고 업종에 따라 일매 500만원 찍는 집과 일매 700만원을 찍기도 한다.

(10) 하루 매상 1천만 원-기업형 음식점

유동 인구가 많은 곳에 위치한 유명 패밀리 레스토랑 가맹점들은 보통 일매 1천만원 이상을 찍는다. 유명 프랜차이즈의 본점은 대부분 대형이다. 이들 중 장사를 잘하는 본점들이 보통 일매 400만원, 500만원을 찍고, 일매 1천만 원 이상 찍는 본점도 있다. 보통 고깃집, 쌈밥집, 보쌈집, 오리요릿집처럼 객단가가 높은 업체들의 본점이 가능하다.

〈표 64〉 한식 갈비집의 초기 창업비용

품목	내용	금액
가맹비	·상표사용권 부여 및 지역 독점영업권 보장	·400만원 ※전략지역 할인이벤트 확인
교육비	·가맹점 운영 교육 및 매뉴얼 제공, 노하우 전수	600만원
물품 보증금	·본사 공급 원부자재에 대한 예치금(가맹계약 해지 시 반환)	400만원 → 200만원 ※200만원 할인행사
점포개발비	·나이스비즈맵과 SK텔레콤 상권분석 시스템	100만원 → 0원 ※100만원 할인행사
인테리어	·설계 및 3D 디자인/바닥타일 공사 ·목공사(자재/인건비/유리·금속 공사 ·전기, 조명공사/도장, 필름공사/사인물 일체	4200만원 ※33m² 당 140만원
홀/주방기물	·2인/4인 테이블, 단체석 일체 등	1500만원
간판	·외부 전면 잔넬 텍스트 간판 (4M) ·돌출 간판 및 사이드 간판	450만원
기기설비	·로스터(착화식), 삼중불판 ·냉장/냉동고, 간데기 etc, 육류냉장고 등 ·샐러드바, 아이스크림케이스, 식혜, 커피머신	2250만원
홍보/오픈지원	·웹카메라 1대/음향기기SET/홍보물 및 조형물 일체	50만원

〈표 65〉 외식업 초기 창업비용(단위 : 만 원)

구분	99.17m²	132.23m²	165.28m²	198.34m²	세부내역	비고
가맹비	800	800	800	800	상호·상표사용(브랜드가치) 등	소멸
교육비	200	200	200	200	메뉴·운영·서비스·식자재 교육	체류비 등 점주부담
인테리어	3900	5200	6500	7800	목공사, 설비, 방수공사, 천정, 전기 등	평당 130만 원
간판	500	600	700	750	전면LED간판, 돌출간판 등	그 외 별도
닥트	550	700	850	1000	외부 2층 기본, 내부 및 주방 닥트	3층 이상 별도
테이블·의자	400	520	640	760	홀 의·탁자	
테이블렌지	270	350	430	510	2구렌지	
주방기기·홀집기	2100	2700	3300	3900	식기세척기, 주방기기 등	주물불판은 본사 무료 대여
인쇄·홍보·소품	200	250	300	400	이벤트, 전단지, 추억의 소품 일체	
합계	8920	1억1320	1억3720	1억6120		

참고문헌

강동완, 놀부부대찌개, 국내 500호점 돌파. 머니위크, 2015.05.21.

김동순, '한식당 창업 퓨전옷 입고 웰빙바람', 창업경영신문, 2014.05.07., 제 350호.

강병남. 박정리. 안종철. 안병찬. 이윤희. 이진. 정수식. 황영종(2014), 「외식산업 실무론」, (서울: 지구문화사).

김상우, 단체급식 2015 상반기 결산, 식품외식경제, 2015.07.31.

김상훈, 「불멸의 창업인기아이템」, 월간외식경제(2016. 02.), 100.

_____, '운영 편의성, 가격 경쟁력에 주목', 월간식당, 2017.08, 157.

김설아, 패밀리 레스토랑의 몰락, 질릴 법도 하지, 머니위크 2015.03.19

김아람, 그 많던 '아웃백'은 어디로 갔나, 패밀리 레스토랑 쇠락하는 이유 4가지, 허밍턴포스트, 2015.07.23.

김재훈, 교촌에프앤비 교촌치킨 "2015 프리미엄 브랜드 지수 1위 수상, 컨슈머타임스, 2015.07.23.

김준성, '골라먹는 4단계 매운맛, 지존', 외식경영, 2016.08, 92-93.

김현철, CJ 프레시웨이 '구내식당에서도 식객처럼 드세요.', 아주경제, 2015.03.06.

권경섭. 조홍복. 정치섭. 신청훈, '국밥 사연 알면 더 맛있다', 조선일보, 2018.01.15.

권상은. 권광순. 정성원. 김정엽. 김석모, '전국의 국밥' 조선일보 2015.01.22

뉴스와이어(2015), 버거킹 2015 한국산업의 서비스품질지수.

이동은, '진심을 담은 푸짐한 부대찌개', 월간식당, 2017.03, 170-171.

박선정, '설렁탕 노하우로 프랜차이즈 시장 출사표', 월간식당, 2017.08, 194-195.

박수진, '사골육수로 맛을 낸 곰탕전문점', 월간식당, 2014.04, 190-191.

설현진, '요리에 한국을 담다, 한식소스', 월간식당, 2013.08, 194-195.

소상공인진흥원, 전문점 벤치마킹 성공사례 분석, 「150대업종보고서」, 2016.

이용선. 박주영(2013), 「창업경영론」, (서울 : 인플로우)

이정연, '한식프랜차이즈', 월간식당(2014.08.), 79-87.

이혜림, '곰탕문화이야기', 한국일보, 2017.10.27.

이춘호, '대구육개장이야기', 조선일보, 2018.01.05.

이홍구, '무인화.셀프시스템 도입한 저가형 국밥시장', 월간식당, 2017.08, 155-156.

육주희, '성공레시피', 월간식당, 2014.06, 102-108.

최영욱. 노상욱(2010), 「잘되는 이색 아이템」, (서울 : ㈜새빛에 듀넷).

황혜선, '아빠가 끓여주는 진한 곰탕 한그릇의 정성', 월간식당, 2017.03, 214-215.

Data Monitor(2008), The home of business information. Data monitor, January, Reference Code: 0199-2333, 13-19.

NRA(2013), Restaurant Industry Facts. http://www.restaurant.org

한눈에 읽는 외식창업 성공이야기 [시리즈 5]

추억을 담은 얼큰한 핫 메뉴

한식 탕반 전문점

발 행 일 : 2018年 6月 1日

저 자 : 김 병 욱

발 행 처 : 킴스정보전략연구소

홈 페 이 지 : http://www.kimsinfo.co.kr

주 소 : 서울시 강동구 성내로8길 9-19(성내동
550-6) 유봉빌딩 301호(☎ 482-6374~5,
FAX : 482-6376)

출판등록번호 : 제17-310호(등록일: 2001.12.26)

인 쇄 : 으 뜸 사

I S B N : 979-11-7012-140-4

※ 당 연구소에서 발간하는 도서구입, 도서발행, 연구위탁, 강의, 내용질의,
컨설팅, 자문 등에 대한 문의 ☎(02)482-6374.